河出文庫

シブいビル

高度成長期生まれ・東京レトロビルガイド

鈴木伸子
白川青史 写真

河出書房新社

はじめに

ビルが建って50年の月日を経るとどうなるのだろうか。ただ古ぼけてしまって汚く惨めになっているビルもあれば、人々に愛されて丁寧にメンテナンスされ、建築としてより味わいを増しているビルもある。それはまさに人間と同じだとも思える。

築50年以上を経て、年月を重ねたからこその魅力を得ている建物、そんな〝シブいビル〟の存在に気づいたのは、まさに私自身が50歳を過ぎた頃だった。

私が生まれたのは1964年10月。ちょうど前回の東京オリンピックが開催された月だ。高度経済成長期の只中にあったその当時には首都高速と東海道新幹線が開通し、オリンピック関連施設のほかたくさんのビルが建設された。その後、幼稚園に通っていた70年には大阪万博という国を挙げての盛大なお祭りが行われ、丹下健三、菊竹清訓、黒川紀章といった建築家が活躍。そんな子ども時代には、東京都心に最新のホテル、デパート、ファッションビル、超高層ビルなどが次々に建設され、そうしたビルは常に家族での〝お出かけ〟の目的地となった。

そうして人生をともに生きてきたはずのビルを改めて眺めて、子どもの頃に見ていた姿とは別のシブい趣きがあることに気づいたのが、齢五十を越えた頃だった。ほぼ同い年であるビルに、1960〜70年代築ならではのデザイン的な特徴や、手仕事による内装や仕上げの魅力を感じ、さらに歴史的建築としての風格さえ認めるようになっていたのだ。

それまで歴史的な建築と言えば、明治、大正、昭和の戦前に建てられた様式建築や同潤会アパートのような関東大震災の復興建築や戦前のモダニズム建築と認識していたが、戦後築の建築も、いつの間にか歴史的な存在になっていたというわけだ。

ただ、東京のビルが人間と違うのは50年を節目として解体されて再開発されてしまうものが多いことだ。2016年にこの『シブいビル』を単行本として刊行した際に取材した銀座のソニービルやホテルオークラ東京 別館なども、その後閉館、解体されてしまった。そうして〝同世代〟のビルがなくなると「私の人生ももう終わり」という気分にもなる。そして、この本に登場するそのほかのビルにも、すでに再開発が予定されているものがいくつか。60〜70年代築のビルは今まさに、絶滅の危機に瀕している。

だから、今こそ多くの人に〝シブいビル〟の魅力に気づいてほしいと思う。私の脳内に常にあるのは「いつまでも、あると思うなシブいビル」という自ら製作した標語。今後10年以内にはその多くがなくなっているかもしれない、高度経済成長期にできた建築のカッコよさ、その時代の息吹を今こそ感じてほしい。

2023年に閉館した有楽町ビル１階の喫茶店「ストーン」

シブいビル 高度成長期生まれ・東京レトロビルガイド ◈ もくじ

ニュー新橋ビルのエスカレーターまわり

丸の内、国際ビル1階のエレベーターホール

本書掲載の写真（文庫化にあたり新規に収録した「静岡新聞・静岡放送東京支社ビル」P66～P73および「国立国会図書館東京本館」P76～P83を除く）は単行本刊行時（2016年9月）のものです。

シブいビル　高度成長期生まれ・東京レトロビルガイド

◈象の高子ちゃんも踏みしめた優雅な階段

日本橋髙島屋 増築部分

- 所在地：東京都中央区日本橋2－4－1
- 竣工：1933年
- 増築：1952年（1期）／1954年（2期）／1963年（3期）／1965年（4期）
- 設計（増築）：村野藤吾

日本橋周辺ではここ20年ほどの間、いくつもの大規模再開発が進んでいる。今後も八重洲や日本橋、常盤橋などに数多くの超高層ビルが建つ予定だが、この髙島屋の建物は地域の都市計画の歴史的な要素として位置づけられ、国の重要文化財にも指定されているため存亡が危ぶまれることはないようだ。

日本橋髙島屋と言ってまずイメージされるのは、中央通りに面したクラシックなファサードだが、これは1933（昭和8）年に建てられた当初の建物部分。その奥行きは意外にも現・本館の奥行きの約3分の1ほどしかなく、その後の1952年、54年、63年、65年の計4回にわたる増築で、街路の一区画すべてを埋める現在の建物の形となった。

その髙島屋の建物が2009（平成21）年に国の重要文化財に登録されたのは、戦後の増築部分も含めての評価によるものということで、その話を聞いた時には、驚くとともに、ちょっとした感動を覚えた。

増築部分の設計者は村野藤吾《とうご》。優美なデザインと芸術品のようなディテールを特徴とする、私の大好きな建築家だ。明治建築である片山東熊《とうくま》設計の赤坂離宮・迎賓館の改修（1974年竣工）を担当したのも村野藤吾で、様式建築を自らのデザインでより魅力的にする才能には感服する。

私がこの建物を眺める一番おすすめのビューポイントだと思うのは、南東側の角。コーナー部の曲面の角切《すみ》り、鈍く光るガラスブロック外壁、屋上のモニュメントのように立ち上がる塔屋などさまざまな村野デザインを堪能できる場所だ。

増築の計画は戦前に、中央通り側の建物の設計者である高橋貞太郎《ていたろう》により進んでいたが、第二次世界大戦を経て、村野藤吾の設計で徐々に実行されていった。採光のための東南側の壁にはガラスブロックが用いられ、堂々とした中央階段ができた。当時のガラスブロックは量産品ではなく、一つ一つが〝手焼き〟だったため高価で、老舗の高級百貨店というこの建物だからこそ用いることができた建材だったという。

また、増設されたエレベーターの1階扉には東郷青児の女性像が描かれ、今は失われているが、地下鉄駅に続く通路には岡本太郎によるタイル壁画が、床面には坂倉準三がデザインした波模様が描かれていたそうで、さまざまなアーティストとのコラボレーションが試みられている。

増築部分の見どころはやはり階段。「階段の魔術師」と言われる村野デザインの階段は館内に4つあり、吊り構造で支えがなく軽快に見えるデザインや、継ぎ目のない手すりなど、独自の工夫が凝らされている。蹴上げ（段差）が低く、踏み面の幅が広めなのは、着物を着たご婦人が上り下りしても裾が乱れないための配慮なのだとか。

屋上には、象の形をイメージさせる塔屋があり、その設計当時、高島屋の屋上には1950年にタイから来日した「高子ちゃん」と名付けられた象が飼われていた。戦後復興期の東京で高子ちゃんは子どもたちの人気者だったが、54年に上野動物園に移されることになる。

子象だった高子ちゃんはクレーンで持ち上げられて屋上まで上がったが、4年後、大きく育った彼女をクレーンで下ろすのは不可能になっていた。そんな高子ちゃんは、村野が設計した中央階段を自ら下りて高島屋を去っていったという。

幅が広く重厚な階段を、屋上で子象から成獣に育った象が一歩一歩踏みしめながら下りていった。こんなファンタジーのような実話は日本橋高島屋という建物にまつわる美しい物語として永遠に語り継がれていくことだろう。

5
4

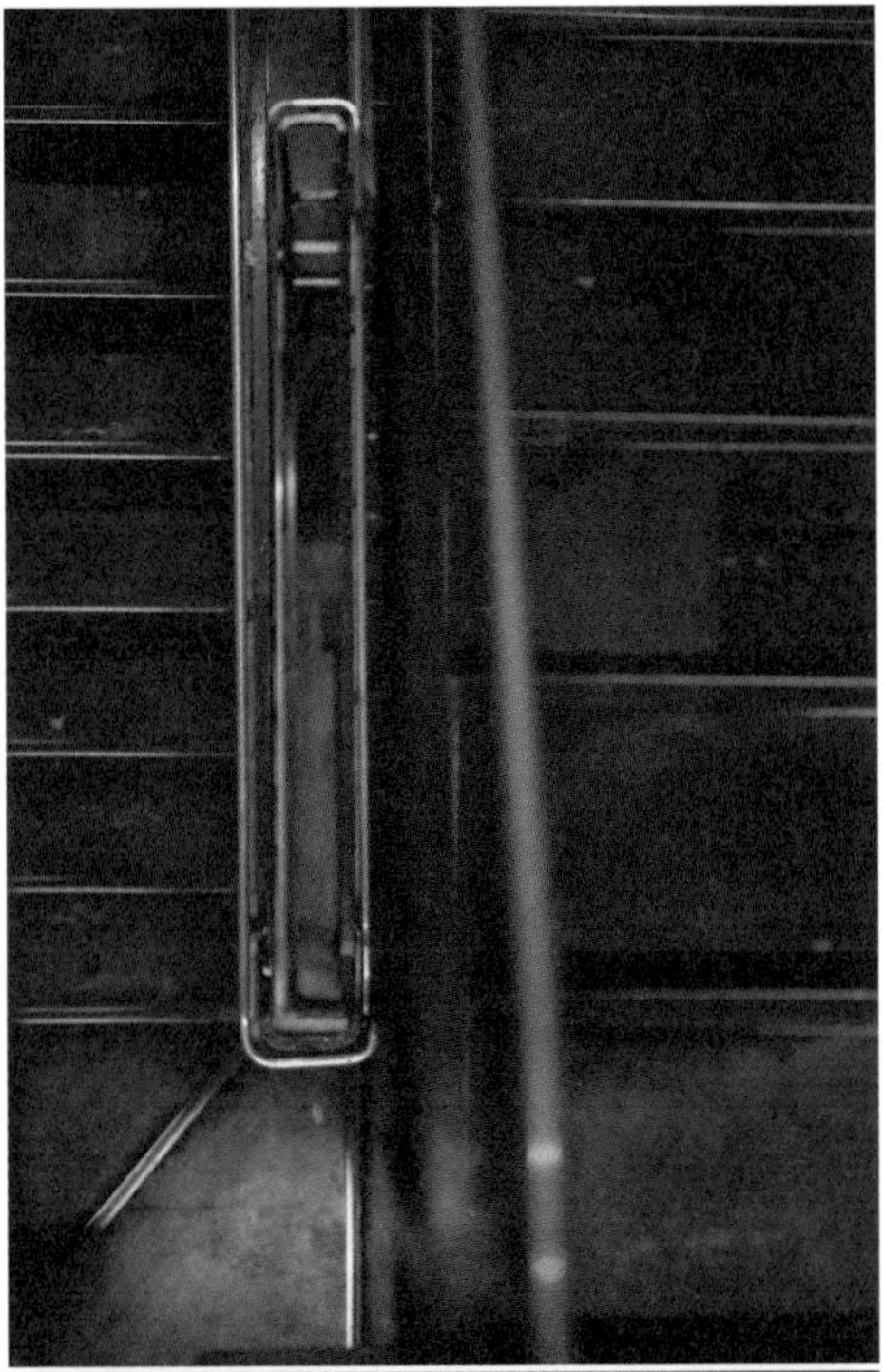

①第1期増築で造られた中央大階段。
象の高子ちゃんは屋上からこの階段を1階まで下りた
②第1期と第3期増築でできた階段が複合した階段
③第4期増築時にできたモダンな階段。
2階に上がる踊り場の吊り構造、細くなめらかな手すりに注目
④社員専用階段の手すりも美しいデザイン

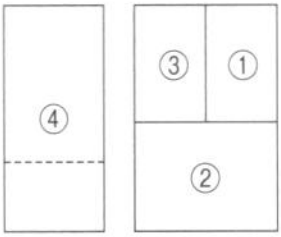

⑤屋上の、象の高子ちゃんをイメージさせる形の塔屋。高子ちゃんは1950年から54年にこの屋上で飼育され、その後上野動物園に移された。来日時は銀座から日本橋までをパレードしながら高島屋へやってきたということで、たいへんな人気者だった

⑥東郷青児がデザインした1階のエレベーター扉

⑦南側のガラスブロック壁脇5階部分に置かれたヘビの塑像（笠置季男作）。このように増築部分との境目付近に彫刻を置いて新旧をつなげる手法を村野藤吾はほかにも用いているという

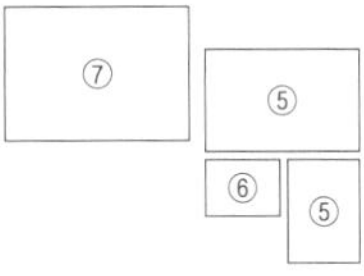

◈日本橋交差点に輝くガラスブロック

柳屋ビルディング

■所在地：東京都中央区日本橋2－1－10
■竣工：1964年11月
■設計：伊藤喜三郎建築研究所

1960～70年代築のビルの外壁やエントランスまわりなどによく用いられている建材にガラスブロックがある。外壁にガラスブロックを用いたビルは、昼は外光を浴びて輝き、夜になると室内の灯りを透過して発光しているように美しく見える。

1960年頃から日本国内ではガラスブロックの工業製品化が進み、大量生産が可能となり、ビル建設に多く用いられるようになった。

日本橋交差点に面して建つ柳屋ビルは、その60年代ガラスブロック建築を代表する美しいビル。ガラスブロックとガラスを組み合わせた水平窓が外壁全面を覆い、築60年経った現在も美しく輝いている。

しかし、この柳屋ビルに用いられているのは、この時代に普及した大量生産品ではなく、〝手焼きのガラスブロック〟なのだそうだ。ガラスブロックは、プレス成型した箱型ガラス2個を向かい合わせにして加熱溶着して製作するものだそうだが、〝手焼き〟ということは、それを1個1個を手作業で行ったということ。このビル全体を眺めた時に感じる揺らめくような煌めきは、手焼き製品ならではということなのだろう。ビル建設にあたり、設計を担当した伊藤喜三郎建築研究所の担当者は、ガラスブロック製造メーカーの日本電気硝子とともに、黒色の長方形ガラスブロックを新たに開発したという。

その日本電気硝子は現在、国内で唯一ガラスブロックを製造している会社。国産ガラスブロックは高度経済成長期には4社が製造販売していたが、70年代に入ると一社、また一社と撤退。その中で日本電気硝子だけは、〝社会的責任〟からも撤退しない方針を打ち出し、75年以降、国内唯一の製造元となっているのだそうだ。

さて、そんな柳屋ビルが佇む場所は江戸時代からの繁華街日本橋の中心である。はす向かいには巨大な超高層ビル「コレド日本橋」が建っているが、ここには以前は東急百貨店日本橋店があって、さらにその前身は江戸時代からの歴史のある小間物店・白木屋だった。周辺には今も、榮太樓、榛原《はいばら》、山本山など、江戸以来の老舗が並んでいる。そして、この柳屋ビルディングの持ち主・柳屋もそうした老舗組だ。

柳屋の祖は、江戸幕府開府以前から家康に仕え、この地を拝領。その後、近江商人・外池本家により承継され、現在は日本橋地域を中心に不動産業を展開している、日本橋において歴史ある商標なのだ。整髪料のポマードで有名な柳屋とも縁戚関係にあるのだそうだ。

竣工から60年が経ち、ビル内部はリニューアルされているが、外観は竣工時の写真と見比べても変わっていない。こんな都心の目立つ場所の美しいビルが、丁寧に管理補修されしながら使い続けられているのはなんと素晴らしいことだろう。

日本橋や隣接する八重洲、京橋地区では近年は再開発が進み、ビルの超高層化、巨大化が進んでいる。竣工当時はこのあたりでは大型ビルだったはずの柳屋ビルも、現在は周囲との対比でコンパクトに見えてしまうようになった。しかし、そのシックで美しい姿はこの街で一層輝いている。

夜になると
ビル内の灯りが
ガラス窓からもれて、
また別の美しい
表情を見せてくれる

朝日に美しく輝くガラスブロックの外壁

◈戦後復興プロジェクトの目玉

東京交通会館

・所在地：東京都千代田区有楽町2－10－1
・竣工：1965年6月
・設計：三菱地所

有楽町駅前にある東京交通会館に2020年末に訪れた大きな変化、それは、ビル上のUFOのような形の回転展望レストラン「銀座スカイラウンジ」が回転を停止したことだった。1960～70年代に全国で大流行した回転展望レストランは年々減少しつつあり、都内のもう一つの回転スカイラウンジ、ホテルニューオータニ本館のレストランも18年に回転を停止している。

こちら銀座スカイラウンジは、現在は店内のインテリアをリニューアルし、回転しない展望レストランとして営業している。それでもこの東京の真ん中、有楽町駅前のビルのてっぺんで銀座や東京駅の風景を眺めながら、老舗・東京會舘のフランス料理を味わえるお店があるのはありがたいことだ。ビルが竣工した当時そのままの味の「ダブルコンソメスープ」や「舌平目の洋酒蒸 ボンファム」「マロンシャンテリー」などが、この店のスペシャリテ。

大好きだったスカイラウンジが回転しなくなっても相変わらずこのビルは、有楽町・銀座界隈での私の憩いの場。1～2階の三省堂書店で新刊本を探したり、3階のテラスから東海道新幹線の走行を眺めたり、全国さまざまな地域のアンテナショップで名産品や野菜を買ったりと、有楽町駅を利用する時には必ず立ち寄る場所だ。

目を止める人は少ないだろうが、このビルの1階通路のテラゾー床は素晴らしい。60年代当時は、床には高価な石材よりも、職人の手仕事による豪華で見映えのする人造石・テラゾーという手法がよく用いられた。このビルの1階、地下1階にはさまざまな模様のテラゾー床が残っていて誠に味わい深いのだ。

そして、1階入口から入った中央階段の3階までの壁一面に広がっているのが、大理石のモザイク壁画。壁画の作者は、画家であり、岐阜・大垣の建設石材会社・矢橋大理石の一族に生まれ、その経営者でもあった矢橋六郎だ。矢橋六郎の作品は、高度経済成長期、全国の大型ビルに数多く設置され、矢橋の地元である岐阜、名古屋のほか、都内で今も多くの作品を見ることができる。ビルの解体・再開発により失われたものもあるが、近年は作品のみが保存移設される例も増えている。

都内でも有楽町、日比谷、丸の内は、今も矢橋作品の宝庫。日比谷では帝国ホテル本館1階の通路、日生劇場のピロティとロビー床、地下鉄千代田線日比谷駅の通路。そして有楽町電気ビルの地下広場、丸の内の新東京ビル、国際ビルと、矢橋作品を見て歩くシブいビルのアート散歩を楽しめる。

東京交通会館が竣工したのは1965年。それ以前、この場所には戦後の混乱期にできた「すしや横丁」という焼け跡闇市的な飲食店街があった。

そもそも、このビルに東京交通会館という名前がついているのは、有楽町駅付近に点在していた都庁舎の中の交通局の部門がビルの5～8階に入居していたからだ。私が新卒社員として雑誌「東京人」の編集部に入社した1980年代末頃、このビル内の東京都交通局によくお使いに行ったが、当時のこのビルは現在よりもお役所っぽい雰囲気だったのを記憶している。その後91年に都庁は新宿に移転し、有楽町界隈の雰囲気もかなり変わった。

東京交通会館は竣工当初「東京ニューセンター」という別名を持ち、丸の内、銀座、有楽町という東京の心臓部において、戦後復興プロジェクトの目玉的存在と位置づけられていた。霞ヶ関ビルも新宿の超高層ビル街もない時代の15階建ての高さは異例で、だからこそ屋上に回転スカイラウンジが設けられ、新東京名所として賑わった。

地下1階では、すしや横丁時代から続く「照鮨」や、甘味「おかめ」、喫茶「ローヤル」など昭和風味濃厚な飲食店が今も盛業中。路地のように入り組んだ通路の両側に小さな飲食店が並ぶ一画もあり、横町的な雰囲気が楽しい。

1992年の大改装では外壁がリニューアルされ、開館当時とはテナントは大幅に変わっているが、今も随所に創建時の内装が残るこのビルには昭和の時代のオーラが漂い、それがほかにはない魅力となっている。

上・中●1966年から14年間、屋上では夏にビヤガーデンを営業していた。当時は周辺に高いビルもなく、秋葉原あたりまで見渡すことができたという。UFO型の回転レストラン下にステージを設え、生バンドが演奏。2015年からは「銀座スカイビアテラス」として、夏季限定でビヤガーデンが復活している（東京會舘提供）

下●銀座側から眺めた建設中のビルの様子。手前には59年に開通した都内初の高速道路・東京高速道路が見える（東京交通会館提供）

有楽町駅前から見た外観。
1992年の大リニューアルで
現在のような
フラットな外壁となった

「銀座スカイラウンジ」では、都心ならではの景観を1周約80分であらゆる角度から眺めることができた。60年代半ば以降、回転ラウンジは全国的に流行し各地に開業したが、今も回転を続けているところはわずか（写真は2015年撮影。現在の店内はリニューアルされている）

35　東京交通会館

地下1階の喫茶店「ローヤル」は、1965年のビル竣工時から営業している〝老舗〟。ヨーロッパの教会風のインテリアに赤い椅子が映える。100席ある大型店で、平日は商談で利用するサラリーマン、土日は銀座や日比谷の劇場街で観劇の人々の利用が多いとか。飲み物のほか、ピラフ、カレー、スパゲティなどのランチも人気。看板メニューは、厚切りでハチミツたっぷりのハニートースト

新橋駅前ビル

◈路地のような飲み屋街、銀色のランドマーク

■所在地：東京都港区新橋2－20－15（1号館）／新橋2－21－1（2号館）
■竣工：1966年8月
■設計：佐藤武夫設計事務所

新橋は、JR駅を挟んで汐留側と烏森側で街のキャラクターが異なるのがおもしろい。こちら汐留は海側。鉄道発祥の地である新橋駅は、現在の汐留シオサイトとなっている地に1872（明治5）年に開業した。その後、旅客駅が烏森側である現在のJR新橋駅の場所に移転した大正初期からは貨物専用駅として存在してきた。

この新橋駅前ビルが竣工した1966年当時は、汐留駅はまだ貨物駅として営業していて、街の雰囲気は現在とはかなり異なっていたという。周囲にはまだ高い建物がなかったため、新橋の駅前まで東京湾の海風が吹いてきていたそうだ。

戦後の新橋駅前は、東京一の規模の闇市として賑わった。ビル1階正面入口にある大きなタヌキ像「開運狸」は、ビル建設以前に汐留口一帯にあった闇市時代の名残りである「狸小路」という飲み屋街を偲んで設置されたもの。

1964年のオリンピック後、東京都による再開発でこのビルができたが、この狸小路の名残りは、ビルの地下街に入った飲食店街の木製の縦格子や、通路の奥にさらに路地のように細い通路があってその両側に店が並んでいる店舗区画などにも取り入

れられている。この地下飲食店街は地下道で新橋駅ともつながっているのが便利。駅を利用する人たちの雑踏の中にこのビルが存在しているという賑やかさも感じる。

ビルの外観は、敷地の形のためか、採光のためか、はたまたデザイン的な主張なのか、まことに複雑な形をしている。当時最新の輸入材・溝型の細長いプロフィリットガラスを用いた格子模様が全体を覆い、60年代の最先端ビルの心意気を感じる。今、その背後に聳える汐留の日本テレビタワーや汐留シティセンターなどと比較すると、それぞれ別の時代のガラス外壁を主張しあっているように見える。

オープン当時は、東京で最新の高級感あふれる場所だということで、地元の老舗すき焼店「今朝《いまあさ》」が2階に出店し、1階と地階入口にあった大理石製の立派なカウンターには受付嬢がいた。

地階から2階までは店舗で、地権者が入居したほかは東京都が分譲し、3階から9階までは事務所、9階には地権者用の住居物件も造られた。

かつてこのビル内には、映画配給会社「日本ヘラルド映画」のオフィスと試写室があったが、ここの試写室は他社とは一線を画すデラックスな内装だった。これは、1974年に公開された映画『エマニエル夫人』の大ヒットにより設けられたものということで、通称「エマニエル試写室」と業界で称されていたのを記憶している。

竣工から60年近くを経て、テナントもビルを取り巻く環境もずいぶん変わった。ビル自体も時とともに熟成され、当初の高級路線から新橋本来の庶民的な味わいのある場へと変わっていったようだ。

創建時から続く店には、作家・池波正太郎も贔屓にしていた「ビーフン東」、スパゲティナポリタンが名物の「カフェテラス　ポンヌフ」、喫茶店「パーラー　キムラヤ」などがある。そして地階の飲食店街は、心を揺さぶるディープワールド。夕方以降、俄然活気づいてくる。地下通路と都道で隔てられている2号館地階のほうに行ってみると、こちらは比較的整然としていて、創建時の木製の縦格子デザインが昔のまま残っている店も多い。

現在、新橋駅前ビルを含む新橋駅東口地区では再開発協議会が結成され、その計画や街のあり方を話し合っているところだという。ビルの閉館や解体などにはまだしばらく時間がかかりそうだが、ここはいずれ失われる昭和の貴重な空間であるということを念頭に置きながら、このビルでの時間を味わっておきたい。

このビルならではの迷宮的飲み屋街が展開している地階は、昭和の空気が未だ濃厚。通路沿いの縦格子のデザインが、ビル建設以前の狸小路時代の雰囲気を再現したものだと聞いてからは、その空間がより味わい深いものに思えてきた。2階の「ビーフン東」は、昼はビーフンとバーツアン（中華風ちまき）目当てのお客さんで賑わい、夜は畳敷きのお座敷で宴会もできる。1階の「ポンヌフ」では、ナポリタンと並んでハンバーグも人気

帝都ハイヤー新橋営業所
P

新橋駅前ビル1

ご 案 内

港区
新橋二丁目
SHIMBASHI 2-CHOME
東口
地下街

2F

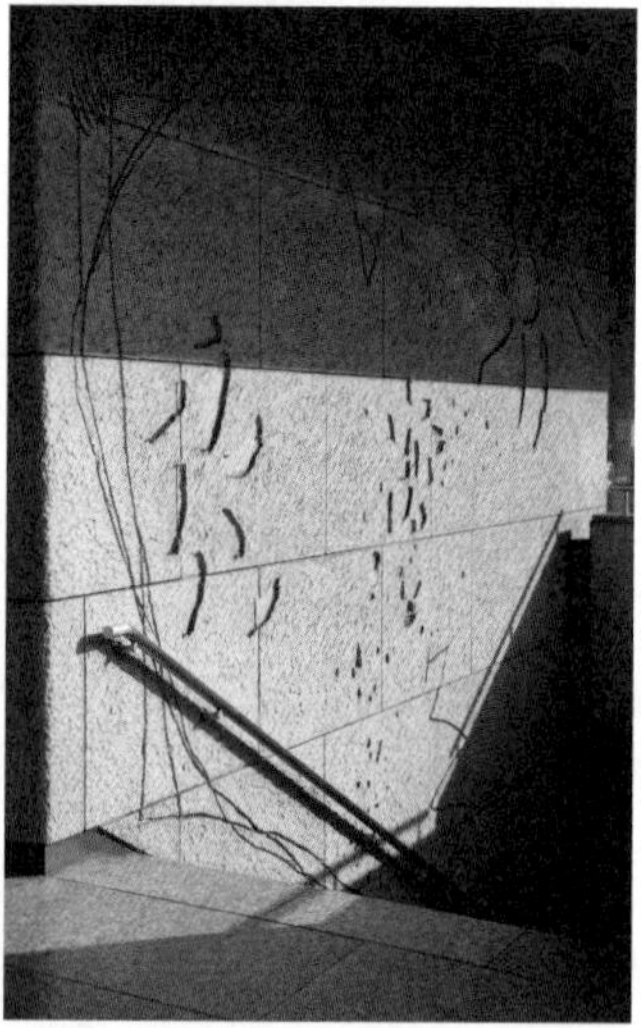

① 地下街で見つけた番地表示

② 1階エントランス横のレリーフ壁画には「sano」の署名がある。昭和の戦前戦後に挿絵、装幀、商業デザインなどで活躍した佐野繁次郎の作品だろうか

③ 大理石製の1階受付カウンター。当初はここに受付嬢がいた

④ 60年近く使われ続けているヴィンテージ品級のエスカレーター

⑤ 1969年の新橋駅周辺。中央の新橋駅を挟んで奥に新橋駅前ビルが見える。1号館と右端に少しだけ写っている2号館の間には都道があるため、このような建物の形になった。今はビル前にゆりかもめの駅ができている。駅手前側ではニュー新橋ビルが建設中　（朝日新聞社提供）

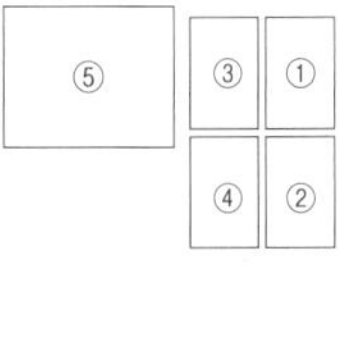

◈オヤジの聖地は女もたのし
ニュー新橋ビル

■所在地：東京都港区新橋2－16－1
■竣工：1971年2月
■設計：松田平田坂本設計事務所

新橋駅前の象徴と言えば、駅前広場の蒸気機関車と、白い網目模様の壁面が印象的なニュー新橋ビル。「おじさんの聖地」と言われる新橋の街だが、日々テレビのニュースやワイドショーで、これから一杯飲みに行くおじさん、ほろ酔い気分のおじさんたちが街頭インタビューに答えている背景に映し出されてきたのが、このビルだ。

1971年に竣工したニュー新橋ビルの施主は東京都。戦後、新橋駅西口一帯には「新生マーケット」と称した闇市が並び活況を呈していたが、その後20数年を経て、東京都のとりまとめによって再開発が行われ、このビルができた。同じく闇市をまとめた、駅を挟んだ汐留側の新橋駅前ビル竣工の5年後のことだ。

同時に西口の駅前広場が整備され、翌年には蒸気機関車「C11」が鉄道100年を記念して設置。広場から路地を入ったところにある烏森神社の社殿は鉄筋コンクリート造のモダンなものだが、これも71年にできたもの。つまり、71年のニュー新橋ビル誕生前後、新橋駅西口周辺はほぼ現在の形になったというわけだ。

ビルの地階から4階までは店舗、5階～9階は事務所で構成され、10・11階には当初75戸もの住居が設けられた。現在も住居として使われているのは2〜3戸で、ほとんどが事務所や物置に転用されているそうだが、ビル建設以前のこの場所にはけっこうな数の住民がいて、それら地権者のために住居が設けられたということだろう。

ビルの設計は松田平田坂本設計事務所（現・松田平田設計）。外観の一番の特徴となっている低層部のプレキャストコンクリート製の外壁の網目模様は、フィボナッチ数列という数学的規則によって配列されているとか。一方、5階から9階はガラスカーテンウォールの外壁で、ビルから少し離れて全体を眺めると低層部とのコントラストが際立って、また違うイメージを持つ。

現在の松田平田設計のホームページの実績紹介にあるこのビルの説明には、「各店舗の配置で不動産的価値に差を出さない配慮がなされ、通路をループにして回遊性を持たせ、行き止まりをつくっていない」とある。確かにビル内を歩いていると無意識のうちに同じフロアをぐるぐると回ってしまう。一方で、「均一性が強すぎないよう、各階の共用部に固有色を決め、居場所をわかりやすくした」そうで、これは館内に5つある階段の壁タイルがそれぞれ違うことなどを指しているのだろうか。また、「建物の外観はできるだけ淡く、生き生きとした商業空間のかげに隠してしまいたい考えがあり、繊細なモアレ効果が出る格子状のカーテンウォールをデザインした」ということで、あの新橋駅前を象徴する網目模様の外壁が誕生したようだ。

ビル内には多数の飲食店がひしめき、1階のジューススタンド「ベジタリアン」、大盛りのナポリタンが有名な洋食「むさしや」、地階の割烹「秩父」「ダイヤ菊」などはこのビル内の老舗。地下の「喫茶フジ」、3階「カトレア」など昭和テイストの喫茶店も人気だ。

館内は、さすがに1階は人通りが多く慌ただしいが、2階より上のフロアは案外落ち着いた雰囲気。マッサージ店や診療所、碁会所や雀荘があったり「オヤジの聖地」と言われるのも納得だ。

築50年以上が経ち、ビルオープン時からのテナントは数少なくなったようだが、このビルが新橋という街を象徴するような存在にまでなったのは、ハードである建物と、ソフトである館内のテナント、その店を利用する人々によって重ねられてきた年輪によるものなのだろう。

実はこのニュー新橋ビルにも、汐留側の新橋駅前ビルと同様、再開発計画が持ち上がっている。2016年にはビルと周辺地域を含む新橋駅西口地区市街地再開発準備組合が発足。それから8年が経つがまだ大きな動きはない。しかし、ある日突然このビルが閉館、解体されることが発表されるのかもしれない。そんな日がいつか来ることを今から覚悟しておく必要があるようだ。

① 烏森口側にある1階から3階に通じるらせん階段。以前はこの上のドーム状の部屋が会議室等に使われていたが、現在は空室となっている
②,③,④ フロアには計5カ所の階段があり、それぞれ壁のタイルの色が異なる

③	①
④	②

旬の魚と手作り料理
百
もつ煮
牛すじ

①地階「喫茶フジ」は、店内に巨大な富士山の写真パネルのある喫茶店

②3階の「カトレア」からは窓の外に網目状の外壁が見えて、それがインテリアの一部になっているよう。このビル内にあるのがぴったりの雰囲気の喫茶店だ

③地階は居酒屋パラダイス。横丁の路地のような一画もある一方、昼時行列のできるがっつり系飯屋も多い

④1階には女子に大人気のジュース屋さん「ベジタリアン」もある

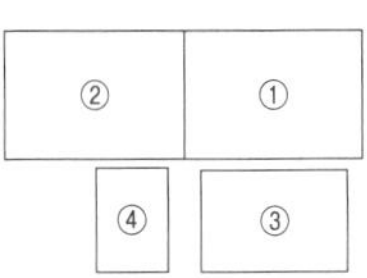

新東京ビル

◈夢のホールは大胆かつ破天荒に

・所在地：東京都千代田区丸の内3－3－1
・竣工：1期1963年6月／2期1965年4月
・設計：三菱地所

丸の内、大手町では、2000年代初頭からの20年ほどの間に、オフィスビルの建て替えが随分と進んだ。

戦災に遭わなかったこの街では、明治大正期にできた赤煉瓦建築などの建て替えが60～70年代に進み、それらオフィスビルは高度経済成長期の日本を支える役割を果たしてきた。しかしそれから60年近くが経過し、老朽化などの理由によって今また再開発が進められている。

その再開発の過程で、それまでこの街で働く人々しか歩いていなかったオフィス街がショッピング街・レストラン街にもなり、丸の内を訪ね、散策する人が一気に増えた。私もこの街をよく歩くようになったのは2002年に建て替えリニューアルされた丸ビルの竣工以降。この新東京ビルの建物の魅力を発見したのは、まさにその頃のことだった。

新東京ビルのエントランスホールに入ると、広がっているのは、大理石の壁面にモザイクで描かれたカラフルな造形。こんな空間は今まで見たことがなかったという大胆で破天荒と言ってもよい空間だ。「彩雲・流水」と題されたこのモザイク壁画は、東京交通会館や日生劇場など、この付近の有楽町や日比谷のビルでも数多くの作品を見ることができる矢橋六郎によるものだ。

矢橋の作品は、床一面に広がるもの、1階から3階までの階段の壁面に描かれているものなどスケールが大きく、独自の構成が特徴となっている例が多いが、この新東京ビルでも、美術館に収まるスケールでもなく、こうしてエントランスホール内全体にその創造性が発揮されている。

さらに1階奥に進むと、天井には万華鏡のような満開の花の形の照明、床にはテラゾーで描かれた細やかな抽象柄が広がる夢のようなホール空間が現れる。二層吹き抜けの2階部分には優雅なデザインのバルコニー柵が巡らされ、この2階部分から1階のテラゾー床を見下ろすと、これまた素晴らしい。

新東京ビルは、1963年と65年の2期にわたって建設された巨大オフィスビル。それ以前のこの場所には、仲5号館と仲7号館など、一丁倫敦と言われた赤煉瓦建築の並ぶ明治時代に建設された街並みが残っていた。

そうした明治の街並みを刷新して建設された新ビルには、日興証券の本社が入居し、当時、丸の内でもっとも有力なビジネスセンターとなったそうだ。昭和30年代はじめ、証券業界には「銀行よさようなら、証券よこんにちは」というキャッチフレーズのもと〝マネービル〟ブームが起こり、活況を呈した。

そんな、このビルの竣工時の逸話を知ると、この丸の内は本来、私のようなビルマニアの探索地ではなく、日本の中心的なビジネス街として存在してきたものだということに改めて気づく。この街で働く、実業や数字に追われる企業人にとって、このような立派で美しいビル建築は、自らの仕事場として誇るべきものだったはず。新しいオフィスビル群が優勢となった今も、その風格はまったく衰えていない。

新東京ビル外観。
丸いコーナー部、
水平連続窓が印象的

1階中央のホール。
お花のような天井照明、
二層吹き抜けのバルコニーの金属柵、
モザイクタイルを部分的に使った
テラゾー仕上げの床と、すべてが美しい

① 2階のバルコニーから見下ろした
1階中央ホール床

② 1階エントランスホールの壁面。
大胆な抽象絵画のようなデザイン

③ 1階エレベーターホール。
大理石と色石を使った壁画で彩られている

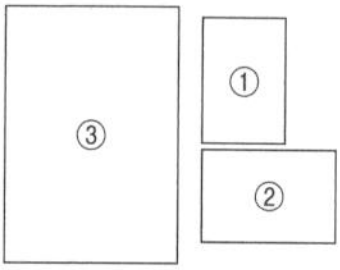

国際ビル

◈建物とアートが一体化した唯一無二の空間

■所在地：東京都千代田区丸の内3－1－1
■竣工：1966年9月
■設計：三菱地所

国際ビルは、明治時代から東京の社交場として親しまれてきた帝国劇場の建て替えで建設された帝劇ビルと一体開発され、1966年に竣工したビル。そしてその約60年後である2025年に、再び帝国劇場とともに閉館し、再開発されることが発表されている。

帝劇ビル内の帝国劇場と出光美術館の内装設計を担当したのは、和風のデザインと戦後モダニズムを見事に融合させた名匠・谷口吉郎。その芸術作品のような美しい空間が失われてしまうのはとても残念なことだ。一方で国際ビル1階のエントランスホールや階段まわりなどのデザインも60年代の建物ならではの優美なもの。

国際ビルのこれら内装デザインはビルを設計した三菱地所によるものだという。なかでも私が偏愛している空間は1階のエレベーターホールで、ここには、この本ですでに何度も触れている大理石モザイク作家・矢橋六郎の作品が、壁面と天井すべてを覆い尽くす形で設えられている。この、建物とアートが一体化している空間は唯一無二のもの。移築も不可能だと思われ、ビル解体とともに失われると思うと、なんともやり切れない気持ちになる。

正面エントランス側のシブい素敵な階段を地下へと下りて行くと、そこにはオフィス街の楽しいレストラン街「クニギワ」が広がっている。2007年に新旧のお店が入りまじった地下のレストラン街をレトロモダンなデザインで統一してリノベーションしたのがクニギワ。このリニューアル時には古くからの階段などのデザインに手が加わり、それには当時ちょっと不満を感じたが、その後、このクニギワが丸の内で働く人々や、この街を遊歩しにきている人たちで賑わっているのを見て、このような大胆なデザイン改変も、長い間ビルを使い続けていくには必要なことなのかもしれないと思い直すようになった。

迷路のようなクニギワのフロア内にはビル竣工当時から営業を続けていると思われる和食の店もあれば、マクドナルド、各国料理、丸の内タニタ食堂まである。

この地下飲食店街の廊下の幅と天井高のプロポーションは高度経済成長期に建てられた丸の内・大手町のオフィスビル特有のもの。今もこの雰囲気と同様の空間が残っているところは、大手町ビルなど、三菱地所が所有するこの地区のオフィスビルでも数少なくなっている。

国際ビルは、皇居沿いの内堀通りと丸の内のメインストリート・仲通りに面した敷地に建っていて、仲通り側のビル1階部分には著名なブランドショップや国内の老舗などの店が並んでいる。

その仲通りは、これら60年代半ば築のビル建設時に、道の両側が4メートルずつ拡幅されたのだそうだ。戦災の被害に遭わなかった明治築の赤煉瓦の建物を高度経済成長期に近代的なビルに建て替えた際、同時に仲通りの再整備も行われ、それが今日までの丸の内の街の骨格となってきた。

今また、その街が再開発されることになり、さらに次の時代の転機を迎えようとしている。今度新たに作られる街や建物はどんな街並みとなり、何年先までこの街に存在し続けるのか。そして、今の私が50〜60年前にできたビルを「シブいビル」として愛でているように、50年後にはそれらのビルは年輪を重ねた味わい深いビルとなっているのだろうか。

国際ビル1階のエレベーターホール。
モザイクタイルの壁面と天井には、
朝焼けと夕焼けの空の風景が描かれている

二層吹き抜けのエントランスホール。
天井のデザイン、バルコニー手すり下のガラスの風合いも美しい

◈都心の一等地に聳える巨樹

静岡新聞・静岡放送東京支社ビル

■所在地：東京都中央区銀座8－3－7
■竣工：1967年11月
■設計：丹下健三・都市・建築設計研究所

新橋駅にほど近い銀座8丁目の街角に黒い巨樹のような建築が聳えている。前を通るたびに注目してしまうその建物は、「メタボリズム」という建築思想に基づいた丹下健三の作品だ。

メタボリズムとは、生物学における細胞の「新陳代謝」のことで、都市や建築が、社会の発展や人口の増加に従い細胞分裂するように有機的に成長していくことを構想した建築運動。日本の高度経済成長期のただなかである1960年に、東京で開催された世界デザイン会議において、当時若手であった菊竹清訓、黒川紀章、大高正人、槇文彦といった建築家やデザイナー・栄久庵憲司、評論家・川添登らが提唱した。

その後の1970年の大阪万博では、丹下、黒川、菊竹といった建築家たちは大活躍し、丹下のお祭り広場、菊竹のエキスポタワーなどの建築群は岡本太郎の太陽の塔とともにこの国家的イベントを象徴するイメージとなり、当時の子どもたちは、万博会場のような未来都市の風景をお絵描きしたものだった。

当時建設されたメタボリズム作品は、それから50年以上を経て解体されてしまったものもあるが、この丹下作品は銀座という都心の一等地にありながら今も健在。一方で同じく銀座にあった黒川紀章のメタボリズム建築、中銀カプセルタワーは惜しまれながらも2022年に解体されてしまった。

3年ほど前、たまたまこのビル前を通りかかると、建物が工事用の外壁に覆われていて「これはもしかして解体？」と危機感を抱いたが、それは改修の工事だった。

建物オーナーである静岡新聞・静岡放送は、この建築を竣工から100年は維持することを目標にしているそうで、先頃の改修工事は、築50年を過ぎての大規模改修、耐震補強工事だったという。

この改修工事では、建物の〝木の幹〟の部分である円筒のコア部分内側のB1～4階に鋼板や炭素繊維シートを貼り耐震補強し、居室内はフリーアドレスなどの今時のオフィス需要や状況に対応できるように変更された。また、ビルの外壁は、以前はもっと茶色に近かったが、オリジナル色である黒に近い色合いに変わり、よりシャープな印象になった。

中央のコア部分には、エレベーター、階段、電気、水道などの配線配管、トイレなどの水回りが収まり、そこから左右に〝生えている〟居室がオフィスになっている。

建物は12階建てで、新橋駅方向に5、6、7階、10、11、12階が、有楽町方向に2～8、10、11階が飛び出していて、そのインパクトは街角から眺めても強烈だが、その途中階のバルコニーに出て、周りの景色を眺めたり、上階を見上げたりすると、さらに迫力を感じる。

丹下健三にこの東京支社の設計を依頼したのは静岡新聞・静岡放送の初代社長。そして静岡にある静岡新聞放送会館本館（1970年築）も、メタボリズム建築ではないが、この東京支社と同様に丹下健三の設計によるものだ。この偉大なパトロンにより、二つの丹下建築が誕生し、存在し続けてきたというわけだ。

この銀座のメタボリズム建築の周辺では、現在数多くの再開発が進んでいる。中空に突き出たバルコニーからも見える内幸町方面に今後建設されるのは40階建て以上の超高層ビル群。外堀通りを挟んだ向かいの、以前のリクルート本社ビルも建て替え予定。新橋駅方面でも、ニュー新橋ビルの再開発が計画されている。ビルの脇を通っている東京高速道路は2020年代半ばに高速道路としての供用を廃止予定で、その跡をニューヨークのハイラインのように公園化する計画もあるらしい。

そうして周辺の環境が変化しても、築100年後にも存在しているはずなのが、この丹下建築。その頃、この建物上からはどんな風景が見えているのだろうか。

静岡新聞
MARUGEN

上●9階の線路側バルコニーからの眺め。鉄道マニアだったら狂喜乱舞しそうな都心の絶景を望むことができる
下●コアから〝増殖〟〝成長〟していく居室部分。本来意図されたものではないだろうが、居室上部のバルコニーは絶好の展望スペースとなっている

以前の焦げ茶色から、
創建時の黒褐色に塗装し直され、
より迫力のある外観によみがえった

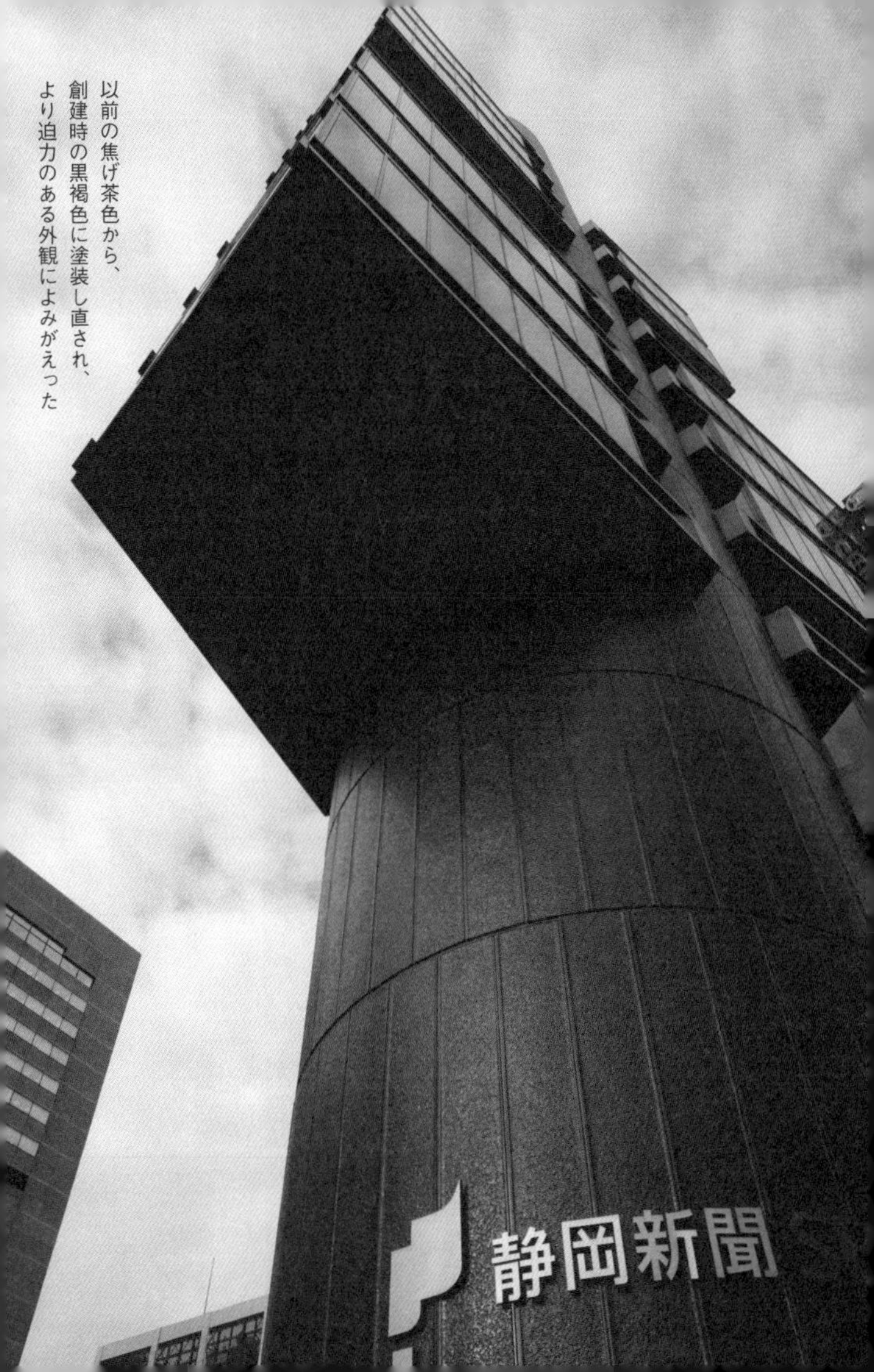

①円形のモチーフは建物のあちこちに取り入れられている
②2022年に完了した改修工事では、低層部の円筒部内側の壁に鋼板や炭素繊維を貼り、耐震補強が施された
③1階エレベーターホール。円形のコア内にいることを実感する円を強調したインテリア

③	①
	②

column◈1957年の有楽町 読売会館と東京都庁

有楽町駅前のビックカメラ有楽町店の入居しているビルの正式名称は、読売会館。1957年築の村野藤吾設計の建築だ。今改めて眺めてみると、外観には当時は高価な建材であったガラスブロックが使用され、階段や1階のエスカレーターを囲む空間などに村野建築ならではのエレガントなデザインを見つけることができる。

関西を本拠とするそごうが東京に進出するにあたって店舗の設計を依頼したのが、戦前にそごう大阪店も設計している村野藤吾だった。その店舗が1957年に有楽町駅前に開店したのは、まさに戦後復興の象徴的な出来事だった。

フランク永井の「有楽町で逢いましょう」という歌を知っている人は、今はだいぶ少なくなっていることだろう。「昭和歌謡」として有名なこの曲がリリースされて大ヒットしたのは1957年のこと。私も子どもの頃からテレビの懐メロ番組で聞いてよく知っていた曲だが、これはもともと有楽町そごうのキャンペーンソングだったのだそうだ。歌の大ヒットにより同名の映画も製作され、当時の有楽町そごうは、東京最新のトレンディスポットになった。

そして同年、現在の東京国際フォーラムのある場所に、丹下健三設計の東京都庁が竣工している。旧都庁舎の記憶は私の中にかすかに残っていて、丹下建築らしい重厚なコンクリートの建物内には岡本太郎作の鮮烈な色彩と構図の陶板壁画が多数設置されていたのが印象に残っている。しかし、この有楽町の都庁舎は1991年、都庁が新宿のやはり丹下設計の新庁舎に移転後に、わりとあっさりと解体されてしまい、岡本太郎作の壁画も同時に失われた。

実は、この読売会館と東京都庁舎は、竣工当時、建築ジャーナリズムの世界で大きなセンセーションの火種となった建築でもあった。

建築雑誌「新建築」1957年8月号に村野の読売会館を掲載するにあたり、その記事が村野に対して礼を失しているという理由で、編集部全員が新建築社主により解雇されるという「事件」があった。今その記事を読んでみると「アンケート：『そごう』をどうみる？」には、林昌二、池辺陽といった当時活躍中の建築家、詩人・関根弘、一般客までの、そごうの建物に批判的な意見が掲載されていて、まさに総スカンという内容。それに対して、丹下設計の都庁舎は肯定的に評価されたようだ。

どうもこの当時は、建築がデパートの商業主義に迎合するのは悪であるという風潮が色濃くあったらしい。その後も建築批評の世界では、商業建築より公共建築を重んじる傾向が長く続いた。

丹下健三と村野藤吾は対極にあるような作風だが、有楽町の都庁舎は解体され、一方の読売会館はデパートから家電量販店となり、改変されながらも現存している。その両建築のかつての姿を知り、どちらの作品も素晴らしいと思う者は、この界隈を歩くと複雑な気分を味わうのだ。

◈重厚な空間に適度な華やぎを与える回廊

国立国会図書館東京本館

▪所在地：東京都千代田区永田町1−10−1
▪竣工：（本館）1961年（1期）／1968年（2期）
▪設計：MID同人（田中誠、大高正人ほか18名）

国会議事堂（1936年築）の堂々たる建物の隣に建っている国会図書館。こちらはまた別の趣きの堂々たる建築だ。議事堂には小学生の時に社会科見学に行ったおぼえがあるが、国会図書館のほうに初めて入ったのは大学四年生の時。卒業論文を書くための文献を探して、まずは学内の図書館、さらに早稲田大学の図書館を訪ね、そしてついには国会図書館に行かざるを得なくなった。

当時、国会図書館に入館すると広々とした本館中央ホール全体に検索用カードの入った引き出しがずらりと並んでいて、まずはその光景に圧倒されたことを記憶している。その後、雑誌の編集や執筆のために何度もここを訪れているが、いつしかその場所には、デジタル化によってパソコンの端末とディスプレイが並ぶようになり、今日に至っている。

その中央ホールは、二層吹き抜けにコンクリートの列柱が並ぶ重厚な空間。正面カウンター上には、「真理がわれらを自由にする」という言葉がギリシャ語と日本語で刻まれている。これは歴史学者でもあり、参議院議員として図書館運営委員長を務めた羽仁五郎が国立国会図書館法の前文に取り入れた言葉だそうだ。羽仁がドイツ留学中にフライブルク大学の図書館で見た銘文だという。

私は、そのホールの四方を取り囲んでいる回廊に、この建物でもっとも惹かれる。回廊と中央ホールを仕切る壁面上部にはステンドグラスがあしらわれ、回廊の壁面は陶製のタイル貼り。数種類の異なるタイルが用いられていて、中でも青色を基調として赤色が所々に入ったパズル模様のような柄のタイルは、打ち放しコンクリートに囲まれた室内に適度な華やぎを与えている。このタイルが室内だけでなく、建物の外壁にも共通して用いられている点も魅力的。建物の内外に共通した材料やデザインを用いる例は前川國男の作品によく見られ、また、鮮やかな色彩を建物の随所にあしらうというのもその特徴の一つだ。

円形、楕円形の模様に石を貼った床のデザインは、やはり他の前川作品にも用いられているパターンで、京都会館（ロームシアター）の中庭にも同じようなデザインが見られるが、快活な印象を与えるかわいらしいスタイルだと思う。

長いことこの建物の設計者は前川國男だと思い込んでいたのだが、資料を調べてみるとＭＩＤ同人と記されている。ＭＩＤ同人とは、前川國男建築設計事務所の所員たちによって構成されたチーム（Mayekawa Institute of Design）のことで、コンペ１等当選時の建築雑誌の記事には、設計者は田中誠、鬼頭梓ほか18名と記されている。田中誠は、前川事務所創設の1935（昭和10）年から計45年間にわたって事務所を率いた所員。鬼頭梓は戦後の50（昭和25）年入所だが、独立後、図書館建築の権威として知られるようになった存在だ。

この国会図書館の建物の設計案は、54年の戦後初の国主催の公開コンペで決まったものだった。しかしコンペ開催以前に、発表された募集要項の「選ばれた作品は飽くまでも基本設計案で、実施設計は建設省が担当し設計変更もあり得る」という内容に対して建築界から批判が続出。ＭＩＤ同人案の1等当選が決まってからも、建物の完成までには紆余曲折があったようだ。

その当選案の模型写真を見ると、建物の外壁はプレキャストコンクリート製の格子状の枠で覆われているが、完成した建物は現在のようなバルコニーが庇のように建物四方を取り囲むものとなっている。

これは階高の変更や内部空間の条件に合わせると、壁面を格子状にする当初のデザインの意図が満たされなくなったため、コンペ審査員の了解を経て設計変更がされた結果なのだそうだ。

建物は1961年と68年の2期にわたって竣工。完成後の取材記事を見ると田中誠は、建物の躯体に費用がかかりすぎて仕上げの予算が十分に取れなかった、基本設計しかできなかったことで細かいところに神経が行き届かず建物のきめの粗さが目立ってしまったと、残念さを滲ませている。

しかしＭＩＤ同人の名前がクレジットされているこの建物は、コンクリートによるブルータルな造形、そのディテールなど、前川建築の特色を色濃く感じることができるものだと思う。その後１９８６年には前川國男建築設計事務所＋建設省の設計により新館が完成。本館、新館とも前川國男の設計思想をもとに実現された図書館は、日本を代表する知の殿堂にふさわしい豊かな空間になっている。

前川國男は戦前戦後と日本のモダニズム建築を牽引し、オフィス、住宅・集合住宅、大学、美術館などあらゆる用途の建物を手掛けてきたが、私には芸術、文化を味わう場の作り手というイメージが強い。それは、上野の東京文化会館、東京都美術館、西洋美術館の新館、新宿の紀伊國屋ビルといった作品に、子どもの頃から親しんできた経験からだと思う。

今も国会図書館に出かける時は、ここにしかない資料を閲覧したり複写したりという切羽詰まった要件の時ばかり。複写を申し込んでその順番を待つのも、苦手なマイクロフィルムの機械を操作したりするのも気が重いのだが、一方で、この前川國男テイストに満ちた建築空間を味わうのは楽しみという、ちょっと複雑な心境と状況のもとに訪ねる目的地となっている。

上●ホール中央のカウンター上には「真理がわれらを自由にする」との言葉が刻まれている

下右●回廊とホールの間の格子状の仕切り上部のガラスには、華やかな色彩のステンドグラスがあしらわれている

下左●回廊とホールは2～3階の二層吹き抜けであるため、3階には建物外周部の部屋や廊下とをつなぐ空中通路（写真・左奥）が設けられている

上右●階段の手すりも前川建築ならではの重厚なデザイン。近寄って見ると、築60年以上という建物の歴史を感じる

下右●外壁の一部にも用いられている、青のグラデーションに赤色をちりばめたカラフルなタイルは、回廊の壁面にも使われている

下●ロの字型の建物である本館と、その中央部にある書庫は渡り廊下で結ばれている。そこから眺めると、建物が強固に耐震補強されていることがわかる

上・中●水平垂直でモダンな外観。建物の各階四方をバルコニーが取り囲んでいる。公開コンペ当選時の案とは大きく異なるデザインだが、さまざまな調整を経てこの形となった
下●本館入口へのアプローチ。床、壁面のタイルとコンクリートの列柱で構成された重厚な空間

ホテルニューオータニ

◈戦艦大和の技術を応用した回転ラウンジ

■所在地：東京都千代田区紀尾井町4－1
■竣工：1964年8月
■設計：大成建設

ホテルニューオータニは、1964年に開催された東京オリンピックに際し、海外からの観客も受け入れることができる最新のホテルとして建設された。その開業日は、オリンピック開会式の約1ヵ月前の9月1日。当時の東京では最高層だった17階建ての巨大建築は、わずか1年5ヵ月という短い工事期間で建設された。オープンに間に合わせるために昼夜問わず工事が行われていた現場は「不夜城」と呼ばれていたという。

ホテルニューオータニを創業した大谷米太郎は力士出身という異色の実業家で、戦前から数々の事業を成功させ、大谷重工業をはじめとする企業を経営した。大谷はニューオータニの開業後、五反田に巨大商業施設・東京卸売りセンター（TOC）を建設。ビル竣工前に亡くなったが、TOCとニューオータニの館内には今も大谷米太郎の銅像が鎮座し、今もそのカリスマ性を発揮しているように見える。

ニューオータニ建設時の大谷米太郎の「無茶ぶり」は激しいものだった。1年5ヵ月の工期に加え、建物の完成予定の約1年前に突然、最上階に回転展望レストランを造ることを命じた。「海外からオリンピックで日本にやってくるお客様に、富士山をあらゆる角度から展望してもらいたい」と、当時ハワイにあった回転ラウンジを知って思い立ったアイデアだった。それがまさに大当たりし、その「ブルースカイラウンジ」はホテルオープン直後に最新の東京名所になり、17階からロビィ階までの行列ができるほどの人気となった。

しかし、2018年、ニューオータニ本館最上階の回転展望レストランは、ホテルオープンから54年目に回転を停止した。その2年後の2020年、有楽町・東京交通会館の銀座スカイラウンジも回転を停止。1960～70年代に日本全国で大流行した回転スカイラウンジは今、終焉の時代を迎えている。

私が確か小学1年生の時、このホテル内の宴会場で、当時習っていたピアノの教室の発表会があった。そのハレの日に際しては、一緒にピアノを習っていた妹と日本橋の老舗デパートに連れて行かれてお揃いのワンピースを新調してもらい、会場では、家のアップライトピアノとはまったく別物の巨大なグランドピアノで、緊張しながらもヘタなピアノを演奏したのだった。その後、母や祖母とブルースカイラウンジに行って、窓からこのホテルの見事な日本庭園を見下ろしたことを記憶している。それは当時6歳だった私の人生において、それまででもっとも晴れがましい体験が集約されていた一日だった。

このニューオータニのブルースカイラウンジを、フロアごと滑らかに回転させるためには、あの戦艦大和の主砲台を回転させる技術が用いられていたそうだが、短い施工期間を強いられた建設工事には、工場で製造したものを嵌め込むだけで外壁が完成するカーテンウォール工法や、今では一般的になっているユニットバスなど、当時最新の技術や製品が取り入れられたそうだ。

ニューオータニの敷地は、江戸時代には彦根藩井伊家の中屋敷、明治維新後は伏見宮邸だったという由緒ある土地。ホテル建設前には大谷米太郎邸となっていた敷地内には約1万坪の日本庭園が整備され、モダンでデラックスなホテルと広大な日本庭園との組み合わせは、このホテルの大いなる魅力となり特徴となった。その後、敷地内にはガーデンタワー、ガーデンコートと2棟の建物が増設されて、どんどん巨大化。現在はまるで一つのホテルというより〝街〟であるかのような威容を誇っている。

1964年築の本館は、築40年以上を経た2007年に、耐震補強、内外装や設備の更新が行われ、昭和の時代のニューオータニとはいくらか異なる平成版のスマートな外観となったが、ウイングを三方に延ばした建物や、その頂のスカイラウンジの姿は創建時と同じ。その傍らの日本庭園からホテルの建物を見上げると、あのピアノの発表会の日のめくるめく興奮を今も思い出すことができるのだ。

上●オープン時のホテル絵はがきよりホテル全景。ホテル前には、竣工と同年の8月に開通したばかりの首都高速新宿線が見える。日本庭園にはまだ池が整備されていない。背後の都心風景にも高層建築は見当たらず、のどかさが漂う

右●建設工事中の様子。遠くに国会議事堂が見える

（ホテルニューオータニ提供）

左上●2007年のリニューアル工事では、全面を紫外線カットの二重ガラスで包み込んだ

オープン当時のブルースカイラウンジ。外国人客の姿が目立つ。オリンピックの後は、ホテル業界初のお正月プラン、受験生プランを打ち出したところ、大ヒット企画になったという

（ホテルニューオータニ提供）

右●ロビィ階のエスカレーター上の照明は、オープン時から残るもの。60年代半ばの最新モダンデザインの香りを留めている

下●ザ・メインロビィ階の正面エントランスを入ってすぐにあるモザイクタイル壁画も、オープン時から残る数少ない内装。外国人客を意識してか鶴をモチーフにしたデザインだが、今見るとその色合いも含めてどこか北欧風に見える

左●ザ・メインロビィ階のエレベーターを取り囲むタイル壁もモザイクタイル壁画と同様の美しさ

パレスサイドビル

◈味わい増すオフィスビルの傑作

・所在地：東京都千代田区一ツ橋1－1－1
・竣工：1966年10月
・設計：日建設計（チーフアーキテクト・林昌二）

皇居に面して建つパレスサイドビルは、60年近く前にできたとは思えない、いまだに新しさを感じさせるビルだ。デザインの質が高く、少しも古びていない。

二つの直方体をずらして並べたようなビル本体の両端にコア（階段、エレベーター、トイレ、配管などを集中させた共用部）を配置したデザインがこのビルの特徴。しかし、当初の設計案にはこのダブルコアは存在していなかった。起工式後に、敷地の両端に生じていた三角形の空き地にコアを収める案が浮上し、設計を変更することに。結果的に各フロアの面積をより広く確保できることにもつながったのだそうだ。

建物の両端には1階から屋上までこげ茶色の「P．S（パレスサイド）特殊煉瓦」が積み上げられ、重厚さを演出している。この建物のために約60万個生産された特注品だという。壁面のガラスカーテンウォールの外側には、やはり特注のアルミ鋳物製のルーバーと雨樋が取り付けられていて、雨の日に見上げてみるとより壮観に感じる。

ビルの建設が決まったのは1963年。竹橋界隈は皇居に近すぎるためか、戦後も開発が進んでいない地域だった。しかし、64年の東京オリンピックを機に首都高速道路が建設され、地下鉄東西線が高田馬場から九段下駅まで開通。66年3月には竹橋駅が開業した。ビルが竣工したのはその年の10月で、竹橋駅とは地下通路で直結。当初は、〝東洋一のオフィスビル〟として観光バスも立ち寄る新東京名所になっていたそうだ。その後、周辺には住友商事や丸紅の本社ビルなども建設され、大手町地区ともつながるオフィス街となる。ビル竣工前後には隣り合う皇居北の丸地区に、日本武道館（64年築）、国立近代美術館（69年築）、国立公文書館（71年築）といった大型施設が続々とオープンしている。

このパレスサイドビルのある場所には、以前はアントニン・レーモンド設計のリーダーズ・ダイジェスト東京支社の建物があった（51年築）。この名作建築を取り壊した後に新たなビルを作るのは、新ビルの設計者にとっては相当なプレッシャーだったはずだ。前建築を引き継ぐ意味もあり、パレスサイドビルの屋上には庭園が設けられ、リーダーズ・ダイジェスト東京支社にあったイサム・ノグチ作の日本庭園の庭石も移設された。この屋上は、都心のオフィスビルではめずらしく一般に開放されている。

以前からこのパレスサイドビルは、毎日新聞社のビルという印象を持っていたが、毎日新聞社が入居しているのは3階～5階の一部のみ。地上9階の建物内には案外数多くのオフィステナントが入っている。地下はなんと6階まであり、20年ほど前までは、その地下にある印刷所の輪転機で毎日新聞が印刷されていたそうだ。

ビル内には、宇宙ステーションかと思うような近未来的なデザインの円形のエレベーターホール、地階から1階に通じる「夢の階段」と呼ばれる金属ネットを多用した階段、正面エントランスの大理石製の堂々たる階段など見どころが多い。

　中でも「夢の階段」は、ビル竣工の3カ月前に特殊建築金物の加工技術で知られる菊川工業に発注されたもの。日建設計の林昌二からの要望は「アルミ鋳物を利用した美しい形状で、空中に浮かんでいるような、夢のような階段を作りたい」というものだった。そこで実現したのが、渓谷に架かる吊り橋の引っ張り構造をヒントにしたという、まさに宙に浮かんでいるような姿。構造とデザインが一体となった建築史上に残る名作階段となった。

　2023年、林昌二の作品である銀座の三愛ドリームセンター、中野サンプラザが相次いで閉館し、今後再開発されることになった。そうなると、このパレスサイドビルの存在はますます貴重なものになってきたように思える。

　訪ねるほどに、そして知れば知るほど、このビルには愛着を感じる。築年数を経るほどに建築としての味わいを増しているこのビルは、高度経済成長期を代表する傑作だと思う。

Mainichi

宇宙ステーションのようなエレベーターホールは、東西2カ所のコアの内部にある。東西あわせて16台あるエレベーターは、内部が六角形の特注モデルで「未来の乗り物」のよう。ホールにある階段も、立体的な凝ったつくりで空間にマッチしている

上●都心の主なランドマークを示した展望案内板

中●リーダーズ・ダイジェスト東京支社のイサム・ノグチがデザインした庭園にあった庭石

下●ビルの屋上は一般に開放されている（平日の11時～15時）。大手町や丸の内、皇居がこんなに間近に見える場所はほかにないだろう

上●地下と1階を結ぶ「夢の階段」は約60年前に作られたとは思えない先進的なデザイン
中●正面エントランスの堂々たる大理石階段
下●地階の男女トイレの間の間仕切りには円形のくり抜き。「円」は内装のモチーフの一つともなっている

◈新宿の街の知的オアシス空間

紀伊國屋ビル

■所在地：東京都新宿区新宿3－17－7
■竣工：1964年3月
■設計：前川國男

数年前、紀伊國屋ビルの外壁が工事用の仮囲いに覆われているのを見て、「もしかして解体？　再開発？」という不安が脳裏をよぎった。しかし行われていたのは建物の耐震補強だとわかり、ひと安心。2022年10月にはその工事も完了し、当時築58年のビルは、今後もこの新宿の文化的シンボルとして存在し続けてくれることになったのだ。このビルを建て替えて、高層化、効率化すればより高い収益を得られたのかもしれない。しかし紀伊國屋書店がその途を選ばずにこの前川國男設計の建物を存続する決断をされたことには敬服するばかりだ。

1964年、東京オリンピックの年に紀伊國屋ビルは華々しくオープンした。当時、480坪もの売場面積を持つ書店はめずらしく、ビル建設は冒険と言われたという。設計はモダニズム建築の巨匠・前川國男で、同じ場所にあった1947年築の先代の店舗建物も前川の設計だった。紀伊國屋書店創業者で名物社長だった田辺茂一は一流好みで、二度にわたって前川に設計を依頼した。

正面入口の広場のようなピロティは、前川國男の「何か一息つける場所を作りたい」との思いで設けられた場所だという。ピロティから内部に通路が続き、その両側に店舗が並び、裏側の通りまで抜けられる。また、建物外からエスカレーターで直接2階の売場に入ることができるというのも画期的だった。当時、こんな開放的なビルはほかになかった。

また、外壁と店内の壁面に用いられている煉瓦のような風合いの「打ち込みタイル」は、書店らしい重厚な雰囲気を作り出している。コンクリート打設時に同時施工する、この打ち込みタイルは、前川建築の特徴の一つだ。

現在、紀伊國屋ビルは1階から8階までが書店のフロアとなっているが、ビル竣工当初は2階、3階、4階の一部のみが書店スペースだった。エスカレーターが1階から4階までしかないのは、この書店部分のみに設置されていたからなのだそうだ。

書店以外のスペースは物販・飲食店舗や事務所といったテナントで占められ、ビル内の紀伊國屋ホールと紀伊國屋画廊は新宿の文化の発信拠点となった。9階にはかつて会員制のサロンがあり、田辺社長の友人である作家の舟橋聖一もよく訪れていたという。

1960〜70年代の新宿は、カウンターカルチャー、アンダーグラウンド文化が開花した街。大島渚監督の映画『新宿泥棒日記』(69年)は主演の横尾忠則が紀伊國屋書店で本を万引きする場面で始まり、社長の田辺茂一も本人役で登場する。60年代のこの書店を記録するドキュメントフィルムでもある。

２０２２年の改装オープンでは、それまで１階ピロティにあった新刊本の販売スタンドが撤去され、そこは創建時の広場のようなスペースへと戻った。

60年代新宿に渦巻いていたギラギラしたエネルギーは今はかなり落ち着いたが、今も新宿という街の個性はその時代の人々の情念やカルチャーの蓄積の上にあると、折りに触れて感じる。そんな街角で、ここだけはずっと変わらない場所であり続けていてほしい。

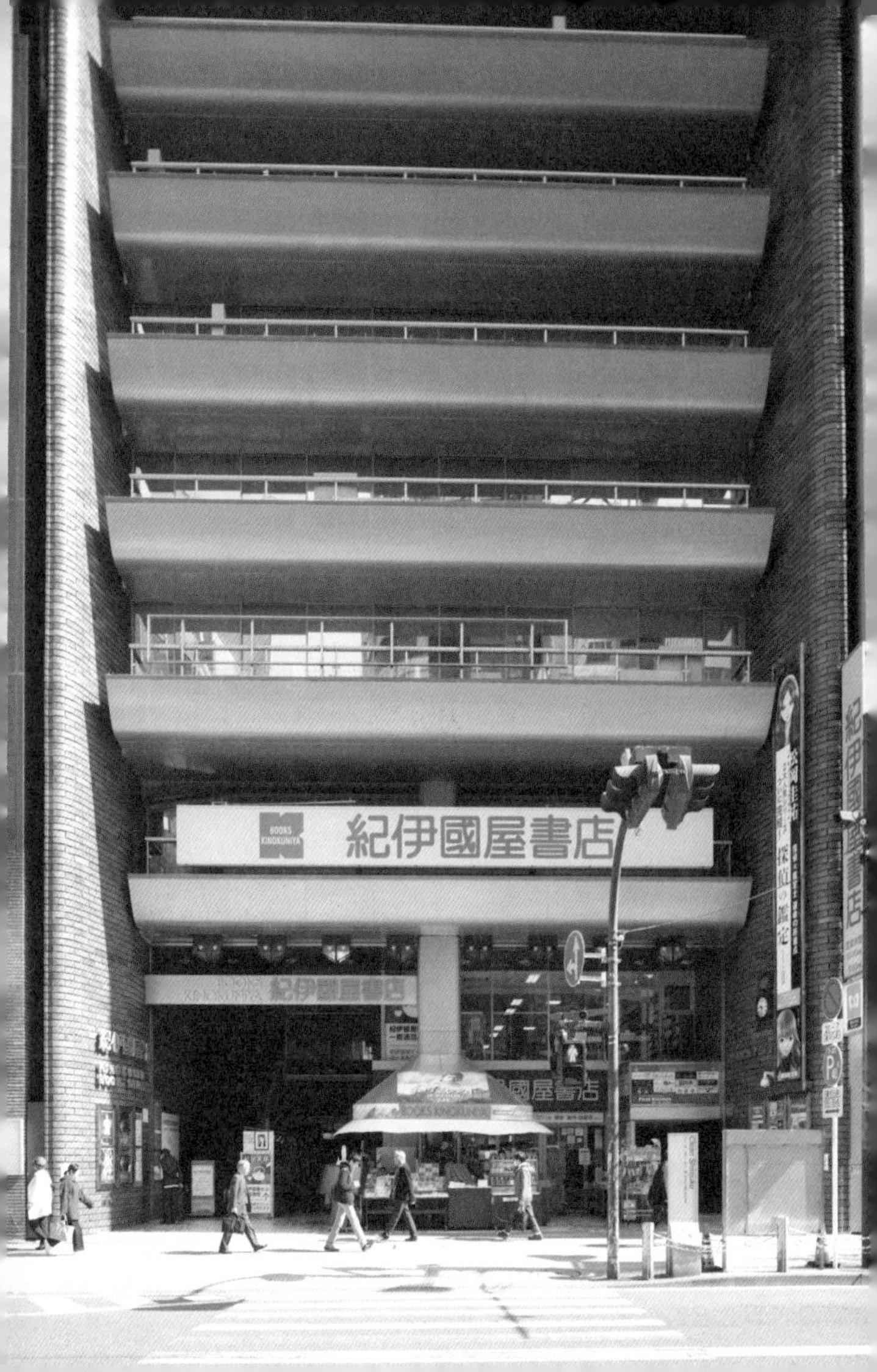
BOOKS KINOKUNIYA
紀伊國屋書店
紀伊國屋書店
BOOKS KINOKUNIYA
紀伊國屋書店

4階の紀伊國屋ホール。書店に併設された劇場は国内唯一。当初から貸し劇場として運営し、文学座や俳優座、民藝などの新劇公演を中心に上演し、80年代には小劇場ブームの発信拠点ともなった。また、ビル竣工時から毎月1回、紀伊國屋寄席が開催され、作家などの講演会にも用いられてきた。客席壁面の彫刻は、戦後の抽象彫刻を代表する向井良吉の作品。ホワイエの床面のデザインは竣工時のままである

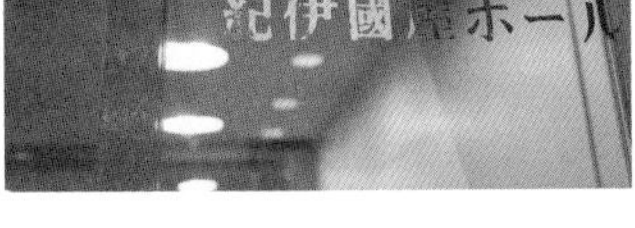
HALL
紀伊國屋ホール

新宿通り側から裏の通りまで貫通する1階のアーケード商店街は、このビルが建つ以前のこの地の街並みをイメージしたものだという。
竣工時には、1階正面はカネボウの洋品店、4階の新宿通り側半分はニュートーキョーが経営する中国料理店だった。屋上でビヤガーデンを営業していたこともあるそうだ

9階にあった会員制のサロン。田辺茂一社長の社交の場でもあり、作家の会員も多かった

◈光と影が織り成す白い町

目黒区総合庁舎

■所在地：東京都目黒区上目黒2－19－15
■竣工：1966年5月
■設計：村野藤吾

現在、目黒区総合庁舎となっているこの建物は、1966年に竣工した千代田生命保険相互会社の本社ビルだった。建築家・村野藤吾の代表作の一つともされる。千代田生命は2000年に経営破綻し、本社の土地・建物が売却されることになり、それを購入したのが、当時ちょうど新庁舎建設計画に取り組み始めていた目黒区だった。

建物は中目黒駅最寄りの好立地にあり、規模も区役所の庁舎として適当であった。築40年近くになっていたが、メンテナンス状態は良好だったため、改修を経て2003年から庁舎として使用されている。売却先によっては、建物は取り壊されて高級マンションにでも建て替わる可能性があったわけだから、目黒区への譲渡は誠に幸運な巡り合わせだった。

また、生命保険会社のオフィスが公共建築となったことで、建物を自由に見学できるようにもなった。見どころであるエントランスも階段も、屋上も、現在はまったくオープンに公開されていて、村野藤吾ファンとして大変ありがたいことだ。

思えば、この建物のできた1966年当時の中目黒は、現在のようにカフェやレストランなどの小洒落たお店が並んでいる、人々があえて目指してくるような街ではなかった。東急東横線の急行が停まる、目黒区のちょっと規模の大きな繁華街というような存在だったと思う。地下鉄日比谷線が霞ケ関駅から延伸して、地下鉄の中目黒駅が開業し、東横線と乗り入れ運転するようになったのが64年。中目黒が東横線沿線で自由が丘と並ぶような人気の街になってきたのは２０００年前後のことだから、ちょうどその頃に区役所が移転してきたことになる。

現在の区役所の建物には、目黒銀座商店街側の西口と、駒沢通りに面した正面玄関（南口）がある。そのどちらの入口から入るかで、建物の印象は大きく異なる。西口は、社屋として使用されていた時代は通用口だったもので、区役所へと改修された際に、中目黒駅から徒歩で訪れる来庁者がアクセスしやすいように新設された玄関だという。

しかし、この建物を村野藤吾作品として味わうことを目的に訪れるならば、断然、駒沢通り側の正面玄関から足を踏み入れてほしい。そうすることで、綿密に考えられた建物のファサード、アプローチ、秀逸なデザインの車寄せの屋根庇、宗教空間のようにに美しいエントランスホール、らせん階段といった順番で村野建築の世界に徐々に引き込まれていく体験ができる。

建物を覆っている縦格子はアルミ鋳物製。窓ガラスとの間に間隔が空いているために、格子は深い影を落とし、よりくっきりとした外観を作り出す。その表情は、前庭、中庭、屋上と、場所を変えて眺めてもそれぞれ味わい深い。このファサード・デザインに関して村野藤吾は、「常に明るく、光を吸収でき、そして道路面からできるだけ離して、一つの町になるようにと考えた」と語っている。

エントランスホールは床と壁が白大理石貼り。左右のガラス窓と天窓からは外光が入り、空間を柔らかに照らしている。天窓を縁取るのは作野旦平作のガラスモザイク。ガラスブロックによる袖壁を制作した岩田藤七は、村野藤吾の代表作である日生劇場ロビーのスクリーンも手掛けている。

村野藤吾の建築には、こうした金工、彫刻などの工芸作家の作品が取り入れられている例がよく見られる。都内の日生劇場、日本橋髙島屋、近三ビルなどでも建築と美術、工芸が融合している美しい空間を見ることができるが、そうした例を区役所という気軽に訪れることができる場所でも体験できるのは、やはりありがたい。

ここ数年の間に、大手町のみずほコーポレート銀行本店ビル（旧日本興業銀行本店ビル）、東京駅近くにあった八重洲ダイビルなど、都心の村野作品が相次いで失われていっているのは残念だ。その一方で、この千代田生命本社ビルが目黒区総合庁舎として供用され始めてもう22年。目黒区の貌として、そして文化遺産としての存在感は年々増していっている。

エントランスホール付近のらせん階段。以前は右下に写るポールが暗くなると光っていたという

上●建物の外壁はアルミ鋳物の縦格子に覆われているが、窓との間にはバルコニーが設けられ、この間隔が建物の見え方に陰影を与えている
下●駒沢通り側から見た全景

縦格子は、中庭池の水面にも整然とした表情を映す

南口玄関棟のエントランスホールは、建物内部へのアプローチとして重要な場所。天井は高く、入口から左手側には、十字型のアクリルのオブジェを配置（左上）。天井には8つの天窓があり、作野旦平作のガラスモザイクによって「四季」が抽象的に表現されている（左下）。まるで教会のような荘厳な空間（右下）

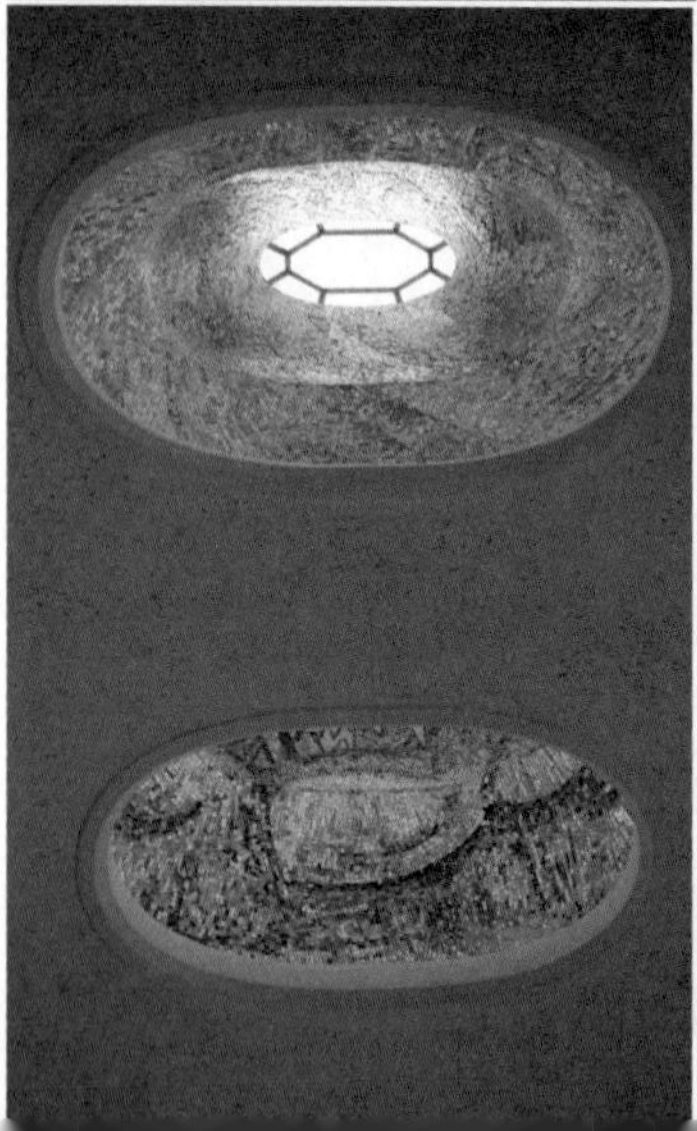

1階の和室。和室は計3室あり、生命保険会社時代には、茶道、俳句など、社員のためのクラブ活動に使用されていた。畳は関東で一般的な江戸間ではなく京間が使用されている。このほかにも茶庭を備えた茶室もある。和風空間は村野建築の特徴の一つであり、ほかにも、ホテル、旅館、企業の迎賓施設などで数寄屋を取り入れた作品を多く残している

◈池袋の娯楽の花園

ロサ会館

■所在地：東京都豊島区西池袋1－37－12
■竣工：1968年9月
■設計：清水建設

池袋西口の歓楽街・ロマンス通りに建つバラ色のビル・ロサ会館は、この界隈のランドマークだ。ビル上ではバラの花と〝ROSA〟のロゴ・ネオンが魅惑的な光を放っている。

私は池袋まで歩いていける場所で生まれ育って今も住んでいる真性〝イケブクロー〟。池袋は私の〝庭〟であり、東口、西口のデパート、そして迷宮と言われる駅の地下道も幼い頃から闊歩してきた。しかし、このロサ会館界隈にはさすがに子どもの頃は立ち入ったことはなかった。

ロサ会館の存在を知ったのは10代半ばだった1980年代前半のこと。その時点ですでにこのビルはバラ色の外観だったと思い込んでいたのだが、現在のような色に塗り替えられたのは89年。現社長に代替わりし、翌年に東京芸術劇場という池袋西口の大型再開発が完成するタイミングにおいてだった。68年の創建時には低層部がゴールド、上層部がアイボリーという現在とはひと味違ったカラーリングだったのだそうだ。

1960～70年代には「娯楽の殿堂」というキャッチフレーズをよく聞いたもの

だ。高度経済成長期、人口が集中した都市では気軽に楽しめる映画やボウリング、ゲーム、飲食といったレジャーが要望された。そんな時代、それらの娯楽すべてを一カ所で楽しめる、今までにない大規模総合アミューズメントセンターとしてオープンしたのがロサ会館だった。

「ロサ」とはスペイン語でバラ。戦後の1946年、製薬会社を経営していた伊部禧作が中心となり、伊部家、尾形家、松田家の三家の同族会社がこの地で「シネマ・ロサ」という映画館を創業した。その後も「シネマ・リリオ」「シネマ・セレサ」と事業を広げ、リリオは百合、セレサは桜と、池袋西口を娯楽の花園にしていったのだそうだ。

1968年、それら映画館のあった土地にロサ会館は建設された。建物の設計施工は清水建設。国内有数のスーパーゼネコン・清水建設といえども、当時はまだこのような大規模な商業娯楽ビルを建設したことはなかった。その規模は、地上8階地下3階、延べ床面積約5000坪という当時としては巨大なもので、施工にあたってはさまざまな最新技術が導入されたという。

60年代はマンモス＝大きいことに意味があり、ゴージャスと捉えられる時代だった。巨大な娯楽ビルのテナント集めにも清水建設は協力したそうだが、当初は空き店舗が埋まらず、全館が娯楽の殿堂となったのは開館数年後のことだったとか。

館内は映画館のほか、ボウリング場、ゲームコーナー、飲食店街などで構成され、当初は1階から4階が飲食店街で、エスカレーターで行き来できる構造だった。屋上にビヤガーデンがあったが、80年代のテニスブームの際にテニスコートに改造し、都心の屋上テニススクールの先駆けとなった。

また、1階の洋食店「キッチンチェック」は、ロサ会館竣工時からのテナントで、ずっと池袋の人気店であり続けてきた店だ。

ロサ会館の建った1968年は、池袋西口駅前にはまだ戦後闇市のバラック建築が残っていた時代。東武デパートが開店したのが62年で、60年代後半になると徐々に駅前にビルが建設されていくようになった。池袋駅西口は今もその時代のビルをあちこちで見つけることができる「シブいビル街」でもある。

しかし、今年（2024年）3月には東武デパートも含む西口駅前の再開発計画が発表され調べてみると、このロサ会館を含む西池袋1丁目地区でも、18年に再開発準備組合が結成されていた。今後このバラ色の館はどうなるのかは大いに気になるところだが、今しばらくはこの西口の歓楽街のランドマークとして君臨していてほしいものだ。

KITCHEN
CHECK

現在のロサ会館内ではビリヤード、ボウリング、ダーツ、屋上でのテニス、フットサルが楽しめるほか、ライブハウス、ゲームセンターもあり「娯楽の花園」であり続けている。ビリヤード場では、台のラシャの張り替えの見学や、キューの職人を呼んでのカルチャーセミナーも開催している。飲食店では、1階の洋食店「キッチンチェック」が開館時からのテナント。ポークソテーやオムライスが人気メニュー

上●六角形の外壁のガラス窓部分は
ところどころ開閉できるようになっている
下●バラ色の建物はロマンス通りのランドマーク

ロサ会館を運営するロサラーンド株式会社は、戦後、１９４６年にシネマ・ロサを開館。上の写真は60年代頃だろうか、まだ周辺にはビルもなく、牧歌的な雰囲気を残している。シネマ・ロサは業績を伸ばし、その後、シネマ・リリオ、シネマ・セレサも開館。池袋駅西口にもシネマ東宝を開業し、最盛期は4館を運営していた。その後、映画以外の娯楽に人気が移行する時代となり、総合娯楽ビル・ロサ会館の建設を企画したという

（ロサラーンド提供）

中野ブロードウェイ

◈日本初のモールとマンションの複合体

・所在地：東京都中野区中野5－52－15
・竣工：1966年11月
・設計：馬場建築設計事務所

「中野ブロードウェイ」という建物名には一昔前はちょっと気恥ずかしい感じを抱いていた。ニューヨークのブロードウェイではなく中野のブロードウェイ。「若干、大風呂敷すぎないだろうか」ということだ。

しかし、そのブロードウェイは2000年代はじめ頃からサブカルチャーの牙城としての魅力を発揮し始め、日本国内のみならず海外からも多くの来訪者を迎える東京有数のクールジャパン的ショッピングモールとなっていった。今や世界中のお客さんが目指してくる場所となり、館内に30以上の店舗を構える「まんだらけ」や、現代美術アーティスト・村上隆がプロデュースする純喫茶やギャラリーと、ますます充実度と熱気を増しているのだ。ここ数年は高級腕時計を扱う店が40店ほどにまで増え、「腕時計の聖地」にもなっているとか。その一方で、1階と地階には中野の地元住民の日常を支える生鮮食品や日用品の商店街が展開し、階上とは異なる客層で賑わっている。

中野駅北口から、駅前のアーケード、サンモール商店街を一直線に歩いていくと、その延長線上にあるブロードウェイの建物に突入。エスカレーターに乗ると、1階からいきなり3階に連れて行かれる。実はこれは、来館者に館内を回遊してもらうための仕掛けであり、建設費を削減する事情によるものでもあったそうだ。

1966年、今から58年前に中野駅北口美観商店街（現在のサンモール商店街）の先に、「中野ブロードウェイセンター」は、東京初・日本初の高級ショッピングモールとマンションの複合体として建設された。当初、1階と3階はデパートのような高級商店、地階は主に生鮮食品店、2階は飲食店街、4階は各種診療科の集まる医療センター、そしてその上10階までは高級分譲マンションというフロア構成だった。1階の中野通り側を南から北に貫通する、今はゲームセンターになっているスペースは、パリのカフェテラスのようなおしゃれな喫茶ラウンジだったという。

この建物を企画・建設したのは、歯科医であり医学博士、工学博士でもあった宮田慶三郎という人物。不動産開発にも手を広げ、1960年代に渋谷や千駄ヶ谷、原宿駅前のコープオリンピアなどの高級分譲マンションを次々に建設した。中野ブロードウェイは、アメリカを視察した宮田氏がニューヨークのブロードウェイを見て、日本にもこのような堂々たるメインストリートを実現したいと命名したものなのだとか。

ブロードウェイ商店街の階上5階から10階は、かつてはジュリー・沢田研二や、元都知事で作家・タレントの青島幸男も住んだブロードウェイマンションだ。1966

年当時、マンションという形態の集合住宅はかなり先進的なもので、イコール高級物件だった。赤い絨毯の敷かれた幅の広い廊下、海外のホテルのような西洋式バストイレ付きの居室は、最先端のおしゃれな住まいであり、羨望の的となった。

その屋上には美しい庭園やプールもあるという話を聞いたことがあり、いつかはその場所を一目見ることができればと願っていた。そして、この本の取材撮影時に、ついにその「伝説の屋上庭園」とプールのある場所に立ち入ることができた。「めくるめくカルチャーワールドの上に、こんなデラックスな居住者用の空間が実在していたなんて！」と感激したものだ。

ブロードウェイのある中野駅北口側では、もう一つのこの街のシンボルであった中野サンプラザ（1973年築）が2023年に閉館し今後解体予定。その隣の中野区役所（68年築）も新しい区庁舎の完成に伴い、解体・再開発される。その北口駅前には超高層ビルやタワーマンションなどが建設予定だ。

そうなると、中野ブロードウェイが担うこの街における歴史的、文化的な求心力は今までよりますます高まっていきそうだ。東京において、今やニューヨークのブロードウェイよりも断然存在感のある中野ブロードウェイよ、永遠なれ。

ブロードウエイセンター

建物の5~10階を占めているのがブロードウェイマンション。区分所有法ができた直後に分譲されたマンション草創期の高級物件だ。60平方メートル弱の部屋が約220世帯あり、玄関ホールや廊下に敷かれた赤いカーペットはデラックスな雰囲気でホテルのよう。創建時そのままのロビーの天井照明や階段のつくりには60年代の香りが漂う

SEIKO
5F
NORTH

屋上にはマンション居住者用のプールや池のある日本庭園、子ども用の遊具などもあり、別世界が広がっている。1966年という時代に東京・中野でプール付きの家に住むという夢の暮らし! 屋上庭園は、150メートルという建物の長さそのままに長大で、柱状に整然と換気塔が並ぶ様子がデザイン的なアクセントとなっている。近くには中野の街並み、遠くには新宿の超高層ビルも見えて眺望抜群。永年の居住者も多いが、一方でこの伝説のヴィンテージ・マンションに住むことに憧れを抱く若い世代の入居者も増えている

上から、4階、2階、1階、地下フロアと、1966年の建設当時に日本で最新だった立体駐車場。

中野ブロードウェイの商店街は、地下から4階まで各フロアで印象が異なるのが特徴だ。地階にはアメ横的な雰囲気の食料品店や洋品店が並ぶエリアがあり、創建時から入居している店も何店かある。1〜4階にはサブカルの殿堂「まんだらけ」が30店以上。現代美術家の村上隆もギャラリーとカフェを館内で展開している。

1階のアーケード状の通路は二層吹き抜けの広々とした空間。その2階部分に並ぶバルコニーのデザインがさまざま異なっているのにも注目

column◈1960年代のデパート建築

渋谷の西武のA館とB館の間には連絡通路が架かっている。ある日その真下を歩いていて、見慣れていたこの構造物がなんだか1960年代的なオーラを放っていることに気づいた。まるでその当時子どもたちがお絵かき帳に描いていた宇宙ステーションの通路のようではないか。改めて西武の建物全体を眺めてみると、プレキャストコンクリート造の外壁デザインには60年代後半頃の時代の空気がみなぎっている。

渋谷西武は、東京オリンピック後に急速にあか抜けていった渋谷の街に「ファッションの館」として1968年に開店した。池袋の巨艦のような西武と違って、渋谷の西武に行くとポップでおしゃれな感じがするのは、街をゆく客層の違いと、この60年代的な建物の力があるからだろうか。A館には中2階があってそのバルコニーのような部分から1階を見下ろすことができたり、各フロアの床に段差が付いていてスキップフロア風になっていたりするのもこの時代の商店建築らしい。開店当時から旧来のデパートにはなかった若者向けの売場が展開され、私よりちょっと年上の人たちには、ナウなヤングの集まる場所として認識されていたという。

前年の1967年には、渋谷駅からさらに離れた松濤の高級住宅街近くに東急本店が開店している。こちらの建物には、正面エントランス付近に当時流行し始めたシースルー・エレベーターが設置されていた。

高度経済成長期には、ほかにも新宿や池袋などにデパートが開店したり増築が行われたりしている。池袋東武、新宿京王といったデパートの外観も、60年代建築という視点で見直すとシブい味わいを感じる。しかしながらデパートという商業施設は、常に最新のファッションを陳列販売しなくてはならないので「シブいビル」と化しては、実はまずいのだ。したがってその館内のほとんどは激しく改装されているのだが、どうしても改装しにくいのが階段や天井、スキップフロア、中2階など。そんなオリジナル部分を求めて都内の各デパート店内を探索するのは今や私の趣味となっている。

それでも、ただ歩いて見ていただけではわからないことがある。建築雑誌「新建築」の60年代発行分を通して見ていた時、64年11月竣工の「京王ターミナルビル・京王百貨店」の記事で、この建物のインテリア・デザインが剣持勇によるものだと知った。剣持勇は戦後、柳宗理、渡辺力らとともに「ジャパニーズ・モダン」の旗手として活躍したインテリアやインダストリアルのデザイナー。

「新建築」の誌面には京王百貨店館内各所の写真が載っているのだが、どれも息を呑むようなカッコよさだ。建物の設計は圓堂政嘉。当時は最先端の建材のメタル・カーテンウォールを外壁に用いた点が先進的だったとか。剣持勇によるインテリアは現在は1階天井にその名残りが見られるくらいだが、外壁のカーテンウォールは創建時のまま。60年前の写真と同じであることを発見して感慨を覚えた。

この数年の間には、坂倉準三設計の渋谷の東急東横店、新宿の小田急百貨店も閉店・解体され、池袋東武、新宿京王の再開発計画も発表されている。シブいビル時代のデパート建築は、今後10年以内にこの都市からすべて消え去ってしまうのかもしれない。

失われたシブいビル

◈大人も子どもも楽しんだ、心躍る仕掛け
ソニービル

■所在地：東京都中央区銀座5－3－1
■竣工：1966年4月
■設計：芦原義信
■解体：2017年

数寄屋橋交差点角という銀座の一等地に存在していたソニービルが閉館したのは2017年3月末。私が子どもの頃、東京の最新スポットだったこのビルは、家族での銀座へのお出かけの際は必ず立ち寄っていた場所で、それがなくなるという時の喪失感はかなり大きかった。

オーディオマニアだった父はショールームでソニーの最新製品をチェックし、子どもたちは地下の「ソニープラザ（現・PLAZA）」の輸入雑貨に夢中になったものだ。閉館後は、銀座を訪れるたびに、ビル解体の様子を未練がましく眺めていたが、意外なことに、地上部分の解体後、しばらくその敷地は「Ginza Sony Park（銀座ソニーパーク）」として、この街の真ん中の広場のような場所として存在していた。さらに驚いたのは、地下道からビル内に入っていくエスカレーターと階段のある空間などが温存され、地下のスペースも活用してイベントや店舗営業を続けていたことだった。

その地下部分もその後21年秋に閉鎖され、現在新たなビルが建設中だ（24年8月に竣工予定）。

1966年、高度経済成長期まっただなかの銀座に、ソニービルはオープンした。当時のソニーは、世界的なブランドとして知られていたとはいえ、国内の電機メーカーとしては後発。そんな企業が日本で一番地価の高い銀座の街に最新のビルを建てるのは大胆な試みだった。

ビルを設計したのは芦原義信。芦原は64年の東京オリンピックで駒沢会場の体育館などの設計を担当したこともあり、以後全国で旺盛に仕事をしている。

ビル建設にあたって、後のソニー社長・盛田昭夫と芦原はホテルオークラに籠り、銀座の新ビルをソニーにとってどのような場にするか、徹夜でディスカッションしたという。その結果、この場所を、ものを売る場所ではなくショールームにすることになったのだそうだ。

そのソニービルの何よりの特徴は芦原により提案された「花びら構造」と呼ばれるスキップフロアの方式。一つの階を田の字型に分け、真ん中の柱を中心に4つのセクションを段違いにしてひと回りで1階分を下がるというアイデアで、参考にしたのは、フランク・ロイド・ライト設計のニューヨークのグッゲンハイム美術館だったという。当時世界最速のエレベーターで最上階まで上がり、らせん状のスキップフロアを上から下に下りながら館内を巡るという方式が取り入れられた。

ワンフロアをいくつもに分けて展開することができるスキップフロアは、60〜70

年代の日本の商業空間で大いに流行した。銀座では、文具店・伊東屋の以前の店舗（65年築）がスキップフロアだったのを記憶している。その後にバリアフリーが標準となった現在では、スキップフロアの空間はほぼ絶滅状態だが、ラフォーレ原宿（78年築）、渋谷のハンズ（旧東急ハンズ渋谷店、78年築）などにかろうじて残っている。

子どもの頃このビルに来ると、階段を上り下りして移動すると異なる空間に出会えるスキップフロアだけでなく、音階を奏でる「ドレミ階段（メロディステップ）」が楽しく、用もないのに館内をあちこち移動していたことを思い出す。

その時代の銀座は、上り下りするシースルー・エレベーター内からガラス越しに銀座通りを見渡せる銀座コア、屋上で回転スカイラウンジが回っていた東京交通会館や、4丁目交差点のガラスの円柱建築・三愛ドリームセンター、晴海通りのビル屋上で輝いていた森永の地球儀型のネオンなど、子どもにとってまるで大きな遊園地のような場所だった。

ソニービルの地下には、パリの高級フランス料理レストラン「マキシム・ド・パリ」が入居したことも大きな話題となった。この「マキシム」は、60年代の日本に開店したことで一世を風靡し、その後も日本のフランス料理界をリードしてきたレストラン。そのアールヌーヴォー様式の内装の空間に一度も足を踏み入れたことがなかったのは、今思えば悔やまれることだ。

SONY

地下鉄通路から
ビル内へのエントランスも
創建時のデザインのままだった

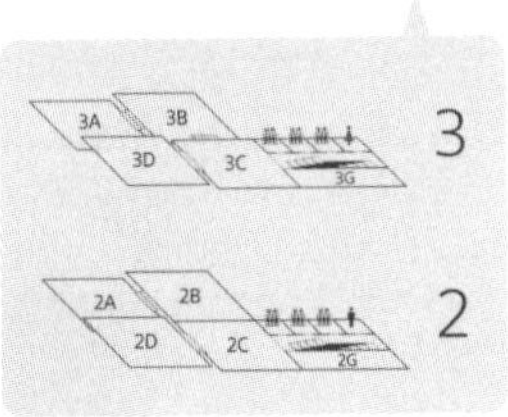

「花びら構造」のスキップフロア。銀座・伊東屋の旧店舗、東急ハンズ（現・ハンズ）渋谷店など60～70年代の商業建築にはよく取り入れられた

1階と地下1階の間のメロディステップ。階段を踏むと音と光が反応した

閉館時まで竣工当時のデザインが残っていた7階の天井。イタリア料理の「サバティーニ・ディ・フィレンツェ」は1980年開店だった

上●1966年8月、晴海通りを銀座4丁目方向に望む。オープン間もないソニービル（写真右）のネオンが銀座の街を華やかに彩る（毎日新聞社提供）
下●1973年、ソニービル内のショールームでテレビに見入る人。この年、日本のテレビ放送20周年。天井のデザインは右ページの写真と同じだ（朝日新聞社提供）

◈繁華街とオフィス街をつないできた二つのビル
有楽町ビル・新有楽町ビル

有楽町ビル ■所在地：東京都千代田区有楽町1－10－1 ■竣工：1966年5月
新有楽町ビル ■所在地：東京都千代田区有楽町1－12－1 ■竣工：1967年2月（1期）／1969年6月（2期） ■設計：三菱地所 ■閉館：両ビルとも2023年10月

有楽町ビルと新有楽町ビルは、JR有楽町駅前の西側に並ぶ1960年代後半にできたオフィスビル。この二つのビルが、2023年10月末に同時に閉館した。いずれも60年代において最先端のガラスカーテンウォールや角丸形の窓枠といった、その時代の特徴を備えた建物だったが、今後解体・再開発されるようだ。

この有楽町駅付近では50～60年代に駅前の建物が軒並みビル化され、それまでの戦後闇市時代からの街並みが一気に変貌した。

まずは1957年に、丹下健三設計の東京都庁、駅西側の読売会館（現在ビックカメラ有楽町店の入っているビル、村野藤吾設計）という戦後建築界の巨匠の作品が完成。その後、駅東側の東京交通会館（65年築）、そして西側の有楽町ビル、新有楽町ビルが竣工した。

80～90年代になると、有楽町マリオンがオープン（84年）、東京都庁舎が新宿に移転してその跡地に東京国際フォーラムが誕生（97年）と、駅前はまた大きく変貌していったが、その間にはまだ高度経済成長期築のビルは存在し続けていた。

マリオンや国際フォーラムができた当時にはまだ若かった私は、バブル時代の東京の開発の勢いに呑まれていたのか「古いビルはさっさと壊して新しく建て替えればいいのに」と、この昭和のビル群を鬱陶しく感じていたことを思い出す。今から考えれば、まったくの開発至上主義者だったのだ。

それからさらに20〜30年が経ち、駅前の広場が整備され、「イトシア」ビルが建つなどの変化はあったが、不思議なことに有楽町界隈にはまだ昭和戦後の雰囲気がなんとなく残っている。それはガード下に並ぶ居酒屋などの飲食店街によるものか、昭和時代からのビルがずっと駅前に残っていたためか。

1966年築の有楽町ビルの外観は、低層部に白大理石の縁取り、外壁はワインレッド色のカーテンウォール貼りで、竣工時においてはかなり斬新なものだったはず。建物内に入るとまず、陶板タイルの壁面とステンレス鏡面仕上げの手すりのある階段ホールの内装に圧倒された。これはまさに民藝とモダンの融合とも言える独特の空間だった。

1階入口を入ってすぐの場所には、ビル創建時から営業していた喫茶店「ストーン」が、このビルの守護神のように存在していた。床から壁までゴージャスに石材を使ったモダンなインテリアが素敵で、店主の家業であった石材店のショールーム的な空間でもあったそうだ。（「ストーン」は現在、初代店主の孫が店を経営し、内幸町に移転して「stone＋（ストーンプラス）」として営業中）。

館内にはかつて映画館・有楽町スバル座があり、上映中の映画を宣伝告知するショーケースがビル前に置かれていたのが印象的だった。スバル座は2019年に閉館。その跡が吉本興業の直営劇場「よしもと有楽町シアター」になったのには時代の変化を感じた。

お隣りの新有楽町ビルは、1967年、69年の2期にわたって建設された、有楽町ビルの2倍以上の敷地面積がある巨大物件。この場所にはビル建設以前は、毎日新聞社、農協会館、丸の内日活劇場があったという。

戦前戦後の有楽町・銀座は、劇場街・映画館街であると同時に、朝日、毎日、読売などの新聞社が居並ぶ新聞社街だった。しかし60年代頃から自動車交通の増加により、社内の輪転機で印刷して配送していた新聞の輸送が都心の交通渋滞で遅れるという問題が生じ、各社は移転。ここにあった毎日新聞社は、66年に新築された竹橋のパレスサイドビルに移っている。

その跡地も含む場所にできた新有楽町ビルの外観は、おしゃれなブルーのタイル貼り、角丸形の窓が建物に快活なアクセントを加えていた。

竣工時、ビルのテナントには外資系銀行や海外エアライン、「ダンヒル」や「ジョ

ージ ジェンセン」などの一流ブランドのショップが入居し、これで有楽町・丸の内一帯がいきなりインターナショナルな雰囲気になったとか。当時は最上階14階にスカイレストランもあった。

有楽町ビル、新有楽町ビルを建設したのは、明治以来、丸の内や大手町に数多くのオフィスビルを開発してきた三菱地所。銀座にも近い繁華街である有楽町から、オフィス街である丸の内の中継地点に位置する有楽町ビル、新有楽町ビルは、低層部や地下を店舗や飲食店街で構成し、駅前の繁華街とオフィス街をつないできた存在だったとも言える。

この二つのビルの跡地には一体どのようなビルが建設されるのだろうか。かつて、マリオンや東京国際フォーラムが誕生した時のようなインパクトのある施設ができそうな予感もするが、その一方で、有楽町駅前のこの場所にはいつまでも昭和戦後の面影を留めていてほしいという思いもある。

写真は3点とも有楽町ビル

上●入口階段ホールと同様、1階北側入口脇の地階への階段の壁も陶板タイル貼りだった。曲面を描く壁面が優雅

下●ビル外壁には60年代当時斬新だったと思われるワインレッド色のカーテンウォールが用いられていた

左●民藝調とも思える陶板タイルとモダンなデザインのステンレス製の手すりの組み合わせが絶妙だった

右●新有楽町ビルの1階、地階の通路は天井の照明などのデザインが他の有楽町、丸の内のビルと比べると今風で、リニューアルされているのかと思っていたが、竣工時のパンフレットを見ると現在とほぼ同じだった。そのことを知ると、このインテリアが俄然60年代的に見えてくる

左●新有楽町ビルの外観。ダークブルーのタイルと角が丸い窓がモダン

◈農林水産を象徴する優雅な意匠

三会堂ビル

■所在地：東京都港区赤坂1－9－13
■竣工：1967年2月
■設計：佐藤兄弟建築設計
■解体：2023年9月

ついこの間まで昭和戦後のオフィスビルが並んでいた溜池交差点付近だが、この5、6年の間に一気に再開発が進み、スカイラインを見渡すと200メートルクラスの超高層ビルが並び建つ地域へと変貌している。周辺は、これから再開発される予定の昭和戦後築のシブいビルや、すでに建物が解体された空き地、新たなビルの建設が進む現場だらけという状況だ。

そんな一画に三会堂ビルは、光を放つ白い屛風のような姿で存在していた。プレキャストコンクリート製の立体的な格子が建物に表情を与え、外観からも、ここは機能一辺倒で建設されたビルではないということが感じられた。

1階玄関ホールに入ると、細かいモザイクタイル貼りの壁面が優美な雰囲気を演出し、ホールの片隅には羽織袴姿の老人の銅像（朝倉文夫作）が佇んでいた。ただものではない風格を漂わせているこの銅像の人物は、北洋漁業の先覚者であった石垣隈太郎。以前この場所にあった1927（昭和2）年築の三会堂の建物は、石垣の寄付によって建てられたものだった。

三会堂とは、明治時代から続く大日本農会、大日本山林会、大日本水産会の三会の合同事務所の建物の呼称なのだそうだ。当初は木挽町（現在の銀座・歌舞伎座付近）にあったが、1891（明治24）年に現在地に移転し、その後3回の建て替えを経て、写真の1967年築の建物となった。

その建物は築56年目である2023年8月に閉館。現在同じ場所では、2027年竣工予定で、19階建て高さ94メートルのビルが建設中だ。それまで9階建て30メートルだった建物は、2倍以上の高さとなる。

1967年築のビルを設計したのは、佐藤兄弟建築設計。その祖にあたるのは、早稲田大学の建築学科を創設し、大隈講堂や日比谷公会堂などを設計し、昭和戦前に大活躍した建築家・佐藤功一（1878〜1941）だ。この場所にあった27年築の3代目三会堂も佐藤功一の作品だった。佐藤兄弟建築設計は、功一の息子たちが創立した設計事務所で、戦後の高度経済成長期の作品には老舗果実店の新宿高野ビル（69年築）もある。

2015〜16年、以前の取材時にこのビルを訪ねた際には、事務所テナントの約半分は農林水産関係が占め、地下商店街の店舗テナントは10店ほどが営業中という状態だった。ビル竣工時から営業しているのではという喫茶店や定食屋なども見られ、かつての盛業時の名残りは感じられたが、その後だんだんと営業中の店の数は減っていった。

ビルの各所に見られたのが、アーチ状のゲート、アール（曲面）状の天井だ。エレベーターホールで各エレベーター扉を囲むウェルカムアーチや、曲面状の階段の天井は、ビル全体のイメージを優しく美しく演出していた。

撮影時に館内を案内してもらうと、最上階9階の石垣記念ホールには水産会を象徴する船のキャビン窓、ホール壁には山林会を象徴する木材を用いた装飾が描かれ、屋上からの光が水玉模様に降り注ぐ天窓があったり、海山と自然を感じさせる意匠が随所に取り入れられていた。さらに屋上に上がると緑化された庭園があり、設備などを収めた塔屋には農会を象徴する大麦のエンブレムが描かれていた。こうした農林水産を象徴するモチーフは新しいビルのデザインにも踏襲されるのだろうか。

２０２３年夏の閉館直前、現代アートのアーティストコレクティブ「ＴＳＵ」が、館内１階のスペースで、ビル廃材を使ったアート展を開催し、館内エントランスホールにはビルの歴史や思い出を物語る写真などが展示され、このビルが、場所として、建築として多くの人に親しまれてきたことを深く実感した。それが、このビル内に入ることができた最後の機会となった。

SANKAIDO BLDG.

①9階の石垣記念ホールのあるフロアには、農会、山林会、水産会を象徴するデザインが取り入れられていた。窓は、水産会に関連して船室風

②エレベーターの扉まわりは、人々を歓迎するようなウェルカムアーチのデザイン

③石垣記念ホールの内装には山林会を象徴する木材が用いられ、壁面には「木」のモチーフを採用

④9階・石垣記念ホール入口付近にあった天窓。水玉模様状に、屋上からの優しい自然光が入った

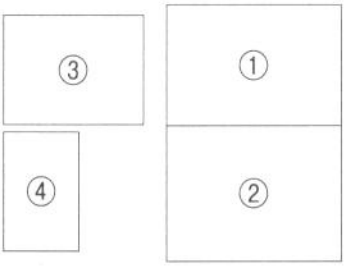

階段の踊り場もアール（曲面）のかかった形。繊細な手すりのデザインも素敵だ

上●1階エントランスホールにあった石垣隈太郎の銅像。朝倉文夫作

下●建物外から地階に直接下りることができた階段。曲面に囲まれた自然光あふれるモザイクタイル空間が美しかった

コマツビル

◈白亜の大理石をまとった女王

■所在地：東京都港区赤坂2－3－6
■竣工：1966年3月
■設計：中山克己、増沢洵
■建替：2024年1月

溜池交差点に面したコマツビルは、長い間、この地におけるランドマークだった。最初にこのビルの存在を認識したのは、私がまだ小学生だった1970年代のこと。首都高速上の車窓から、ビルの屋上に巨大なブルドーザーが見えて、度肝を抜かれた。それは、コマツという会社はブルドーザーを作っている会社だと一目でわかるアピール度とインパクトのあるもので、その宣伝効果は絶大なものだったはずだ。

1966年の、このビルの竣工パンフレットを見ると、「明日を創るために――小松製作所が築いた白亜の前進基地《ベース》」という見出しが躍っている。掲載されている写真には六本木通り上に首都高速道路はまだない。建物前の道路には都電が走り、交差点の周辺には平屋や2階建ての小さな家屋が並んでいる。

白亜のビルは日本初という全面大理石貼り仕上げ。加えて六角形の窓の形が個性的で異彩を放っている。

ビルの建設時に陣頭指揮を取ったのは、当時の小松製作所会長の河合良成だった。河合は、アメリカから強敵・キャタピラー社が日本進出した時もコスト度外視で自社の品質を向上させて危機を乗り切ったうえ、さらなる海外展開の礎をつくったコマツの中興の祖でもある。

その河合の意向で、建物には大理石が多用され、屋上には庭園を設け、塔屋の上にコマツの主力商品であるブルドーザーが載せられたのだそうだ。こうした強力なリーダーの存在なくしては、型破りな建物は誕生しなかっただろう。その河合会長の銅像は、コマツビルのエントランスホール内に設置されていた。

1階エレベーターホールにも豪華な大理石が用いられ、入口近くの階段の壁には他とは趣きの異なるグリーンの大理石があしらわれていた。当初はビル2階に映画館を設ける計画があり、この階段はその動線となる予定だったため、特に豪華にデザインされたのだそうだ。

建物の設計者には中山克己と増沢洵が名を連ねている。増沢洵と言えば、住宅建築の名作「最小限住居」「コアのあるH氏の住まい」や、1960年代新宿の文化サロンだった喫茶店「風月堂」などの作品がある建築家だが、このビルの設計にも関わっていたとは意外だった。

屋上には当初から高山植物を集めたロックガーデンがあったが、その後、庭園は「日本花の会」が管理し、しだれ桜や里桜など、さまざまな種類の桜の木や、山野草の茂る本格的屋上庭園となっていた。桜の季節には、この屋上庭園からはらはらと桜の花びらが散っていくのが高層階のオフィスの窓の外に見えたという。

私が初めてこのビルを訪ね、館内に足を踏み入れたのは、この屋上庭園を取材するためだった。それは2005年頃のことで、都内の新築ビルに、ヒートアイランド対策やCO_2削減という目的で屋上庭園の設置が〝流行〟していた時期。その約40年前から存在していたこのコマツ屋上の庭園には桜の木が根付き、草木があふれていて、まるで地上に存在している公園のようだった。

そのコマツビルの解体再開発を知ったのは2023年春のこと。溜池交差点周辺にはここ数年、高さ200メーター級（地上40階建て前後）の超高層ビルが次々に建設されているから、いつかコマツビルも再開発の時を迎えるだろうという予感はしていた。建て替わるならおそらく超高層、そうしたらあの屋上庭園もなくなってしまうのだろうかと思っていたところ、なんと新ビルは10階建てで建設され、屋上庭園も再び設置される予定なのだとか。

屋上にあった桜などは日本花の会の茨城県結城の農場で保管されているそうだ。溜池交差点に面した場所によみがえるコマツビルとその屋上庭園は、再びこの地のランドマークとなるはずだ。

りそな銀行
KOMATSU

右●すべての六角形の窓は3分割されていて、右側の小さな部分のみが開く
左●正面入口近くの階段壁面は、地階から2階まで豪華なグリーンの大理石貼り。竣工時から、1階には銀行、地階には飲食店をはじめとする商店街を設け、建物計画時には2階に映画館が入居する予定もあった

商店街
N2階段

①地下商店街は、床と壁が同じタイルで構成されている不思議な空間だった

②竣工時1966年の溜池交差点。まだ首都高速はなく、ビル前には都電が走っている　（コマツ提供）

③屋上庭園にはさまざまな桜の木があり、次々に開花するので、春は長期間にわたってお花見が楽しめた。毎週金曜日午後は一般に開放されていた

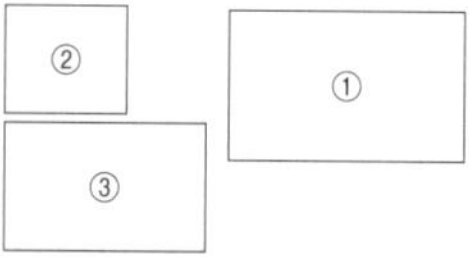

ホテルオークラ東京 別館

◈長く親しんだ優雅で落ち着いた美しさ

- 所在地：東京都港区虎ノ門2－10－4
- 竣工：1973年11月
- 設計：谷口吉郎建築設計研究所、丸ノ内建築事務所、観光企画設計社、森村協同設計事務所
- 解体：2021年11月

新型コロナウイルスの蔓延が始まってからすでに数年が経っていたある日、赤坂の霊南坂を上り、久しぶりにホテルオークラ別館が建っていた場所を通ると、そこはなんと更地になっていた。

その隣には2019年にリニューアルし高層化したオークラ東京がすでにオープンしている。しかしその後数年間コロナ禍が続いたためか、新しくなったオークラにはあまり足を踏み入れる機会がなく、未だ馴染んでいない。

2016年に単行本『シブいビル』の取材でオークラ別館を訪れた折、その前年にオークラ本館は建て替えのため一時閉館していた。閉館直前には館内の中国料理レストラン「桃花林」に食事に行き、ロビーで記念撮影するなど、建物との別れを惜しんだものだ。

しかしその後も、「本館は解体されても、オークラにはまだ素敵な別館があるじゃないか」と、別館にはよく立ち寄っていた。建物内に入ると、長い間親しんできた、オークラにしかない優雅で落ち着いた空気が息づいていることに安堵した。

ホテルオークラ別館は、本館開業の11年後である1973年にオープン。本館オープン後に隣り合う敷地を入手することができ、その後さらに土地を買い広げ、計4500坪までになったところで別館を建設することになったそうだ。

新館ではなくあくまでも「別館」ということがコンセプトで、本館の延長として、ロビーやエレベーターホール、宴会場の雰囲気は本館と同じテイストに統一し、本館を補完する意味で、より広い面積のダブル、ツインルーム、よりデラックスな105坪のインペリアルスイートや日本初のホテル内会員制ヘルスクラブなどが設けられた。

本館のレストランは和風をアレンジしたインテリアが多かったため、別館はそれらとは異なる西洋風にしようと採用されたのが、英国人デザイナー、ロード・ケニルワースで、最上階ペントハウスフロアのインペリアルスイートや、フランス料理「ラ・ベル・エポック」、スコティッシュバー「バーハイランダー」のデザインを担当した。

なかでも「バーハイランダー」は、1973年のオープン当時のインテリアが閉館時まで残っていた貴重な空間で、タータンチェックの絨毯、スコットランドの進軍太鼓を用いたテーブルなど、まるで彼の地の邸宅にいるような趣きを味わえた。

別館ロビーのデザインを担当したのは、本館と同じく建築家の谷口吉郎。古代の切子玉を模した「オークラ・ランターン」と言われる照明、梅の花が咲いた形に置かれたロビーのチェアーなど日本古来の意匠を取り入れたインテリアは、本館に通じる和モダンの空間を演出していた。

谷口は正面ロビーに、棟方志功の「鷺畷《さぎなわて》の柵」という作品をモザイク画にして屏風のように壁一面を飾ることを、別館オープンの5ヵ月前に発案。棟方が新たに壁画用の「鷺畷の柵」の下絵3案を描き下ろし、モザイク画の制作が始まったのはオープンの3ヵ月前のことだった。

モザイク画であれば、大理石を細かく砕いてフラットで艶のある仕上がりをイメージするが、そんな作業ができる時間の余裕はなかった。結局、壁画は素焼きの大きめの陶板タイルで大胆に構成することになったが、棟方志功本人は、壁画制作中にメザニン（中2階）からその仕上がり具合を双眼鏡で眺めて満足していたという。

そんな別館開館までの裏話を語ってくださった当時の建築部長、のちにホテルオークラ社長を務めた大崎磐夫さん（現在95歳）は、取材時にその壁画を眺めながら、「きれいに作りすぎなくてかえってよかった」と、その出来栄えを改めて評価されていた。

2020年の春、新型コロナウイルス感染症拡大による緊急事態宣言があり、その解除後にたまたまオークラ別館そばを通ると、ホテルは閉鎖されていて、その後一般客向けに開館することがないまま、この美しい建物は解体されてしまった。コロナ禍や、この建物のあった土地が他社に売却されたという事情があるものの、未だこのオークラ別館には名残り惜しさを感じている。

上●「バーハイランダー」の店内
下●ジョン・レノンがいつも座っていたとされ、「ジョン・レノンシート」と呼ばれていた席

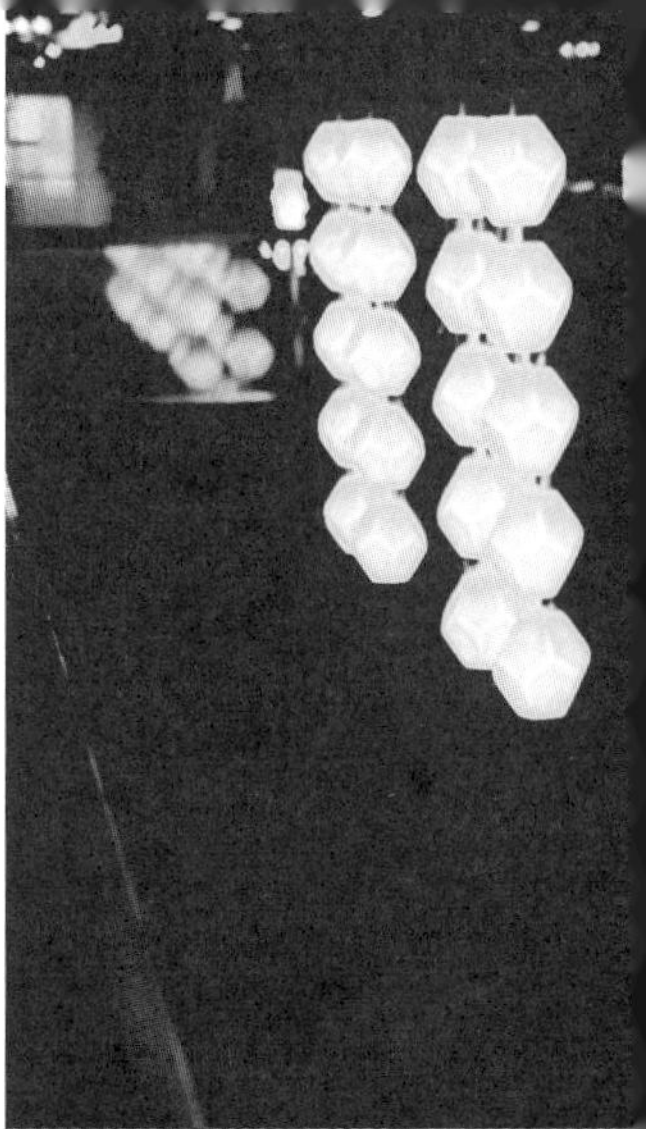

上●ロビーの壁画前に連なる「オークラ・ランターン」。
古墳時代の飾り玉に見られる切子玉型をデザインした。
このランターンは19年オープンのオークラ東京のロビーに
再現されていて、開業時からの雰囲気を今も継承している
下●ロビー正面の壁画。棟方志功が原画を描いた「鷺畷の柵」

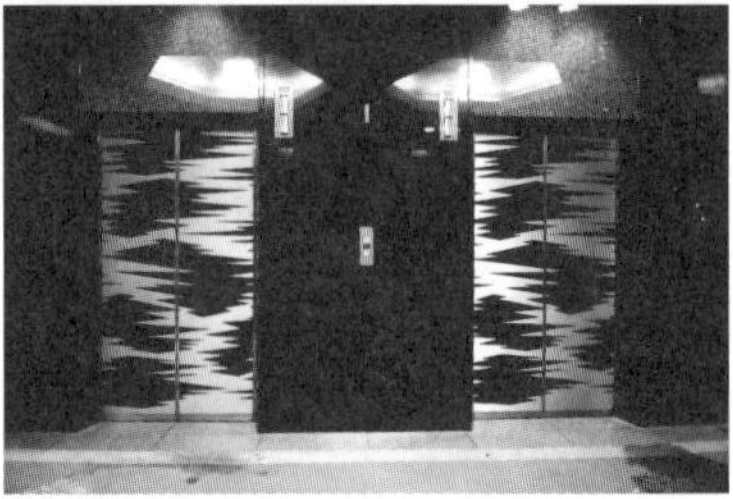

建物外観にもなまこ壁、うろこ紋と、伝統的デザインを現代風に生かした装飾が見られた

上2点●五階菱は大倉家の家紋、エレベーター内部の天井や扉には菱形の文様があしらわれていた
中●綿張りの世界時計
下●ロビーのテーブルの多くは漆塗り。美しく磨きあげられていた

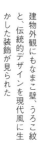

Hotel
Okura
SOUTH WIN G

あとがき

２０１６年に刊行した単行本版の『シブいビル』で取材した20件のビルのうち、その後閉館・解体されてしまったビルは6件。現存しているビルに関しても、再開発が予定されているものが数件。まさに半減の勢いだ。

単行本の刊行から5年以上が経ち、掲載したビルの状況にもかなりの変化が生じ、今のうちにさらなる発信をしておかなければと、数年前から文庫化の画策をしていた。自らも街を歩く時は常にビルの観察を怠らず、１９６０～70年代に建設されたビルに関する情報を収集。雑誌や論文、書籍を読んだり、取材で設計者、施工者、ビルの施主や関係者の話を聞くことで得た知識も以前よりは蓄積された。それらをもとに単行本版の原稿を全面的に修正加筆したのが、この文庫版である。

16年刊の『シブいビル』を編集して、世に出してくれたのはリトルモアの大嶺洋子さん。大嶺さんと私とは「東京人」編集室の同僚で、10年以上もの間、月刊誌の編集という多忙、煩雑、困難な仕事をともにしてきた、いわば戦友だ。

２０１０年に私がフリーになってからは、女鉄道マニア、シブいビル探究という、自らの本能の赴くまま追求してきた探究分野を、『グッとくる鉄道』『シブいビル』と立て続けに書籍の形にしてくれた恩人であり、長年の友人でもある。

その『シブいビル』の単行本の文庫化の編集に名乗りをあげてくれたのが河出書房新社の新屋敷朋子さんだった。私よりかなり若い世代の新屋敷さんが「シブいビル」に興味を持ってくれたのはとても頼もしいことで、今後も大いに活躍していく彼女たち世代の感性と知力が、昭和時代の遺産をさらに未来に継承していってくれるはずだ。

そして、写真家の白川青史さんには、単行本版で数多くのビルの撮影をお願いし、文庫化に際しても、新たに静岡新聞・静岡放送東京支社ビル、国立国会図書館東京本館を撮影していただいた。白川さんのスタイリッシュかつ味わい深い写真なしにはこの本の企画は成立しなかった。

白川さんはファッション撮影でも都内をはじめとするシブいビルをロケ場所にすることも多く、その写真を見れば、ビルの魅力を完全に理解されていることは自明。ごく短時間の撮影で、それぞれのビルの見どころを捉える技とセンスには毎度感服する。

皆さんのおかげで実現することができたこの文庫版『シブいビル』。ハンディなビルガイドとして、東京散歩の友にしていただきたい。

２０２４年４月　　鈴木伸子

本書は、二〇一六年にリトルモアから刊行された『シブいビル　高度成長期生まれ・東京のビルガイド』を大幅に加筆・再編集し文庫化したものです。

シブいビル
高度《こうど》成長期《せいちょうき》生まれ・東京《とうきょう》レトロビルガイド

二〇二四年 六 月一〇日 初版印刷
二〇二四年 六 月二〇日 初版発行

著 者 鈴木《すずき》伸子《のぶこ》
写 真 白川青史《しらかわせいし》
発行者 小野寺優
発行所 株式会社河出書房新社
〒一六二－八五四四
東京都新宿区東五軒町二－一三
電話〇三－三四〇四－八六一一（編集）
〇三－三四〇四－一二〇一（営業）
https://www.kawade.co.jp/

ロゴ・表紙デザイン 粟津潔
本文フォーマット 佐々木暁
本文組版 nimayuma Inc.
印刷・製本 中央精版印刷株式会社

Printed in Japan ISBN978-4-309-42113-1

中央線をゆく、大人の町歩き

鈴木伸子　41528-4

あらゆる文化が入り交じるＪＲ中央線を各駅停車。東京駅から高尾駅まで全駅、街に隠れた歴史や鉄道名所、不思議な地形などをめぐりながら、大人ならではのぶらぶら散歩を楽しむ、町歩き案内。

山手線をゆく、大人の町歩き

鈴木伸子　41609-0

東京の中心部をぐるぐるまわる山手線を各駅停車の町歩きで全駅制覇。今も残る昭和の香り、そして最新の再開発まで、意外な魅力に気づき、町歩きの楽しさを再発見する一冊。各駅ごとに鉄道コラム掲載。

日曜日の住居学

宮脇檀　41220-7

本当に住みやすい家とは、を求めて施主と真摯に関わってきた著者が、個々の家庭環境に応じた暮しの実相の中から、理想の住まいをつくる手がかりをまとめたエッセイ集。

空間へ

磯崎新　41573-4

世界的建築家・磯崎新。その軌跡の第一歩となる伝説の単著がついに文庫化。一九六〇年代を通じて記された論文・エッセイをクロノジカルに並べ、状況と対峙・格闘した全記録がここにまとまる。

都市のドラマトゥルギー　東京・盛り場の社会史

吉見俊哉　40937-5

「浅草」から「銀座」へ、「新宿」から「渋谷」へ――人々がドラマを織りなす劇場としての盛り場を活写。盛り場を「出来事」として捉える独自の手法によって、都市論の可能性を押し広げた新しき古典。

アァルトの椅子と小さな家

堀井和子　41241-2

コルビュジェの家を訪ねてスイスへ。暮らしに溶け込むデザインを探して北欧へ。家庭的な味と雰囲気を求めてフランス田舎町へ――イラスト、写真も手がける人気の著者の、旅のスタイルが満載！

海の見える無人駅

清水浩史　41974-9

なぜ「海の見える無人駅」は、こんなにも心地いいのか！　海と厳選30の無人駅…目を凝らせば、もっと多くのものが浮かび上がる。絶景の小さな駅の物語から今の日本が見えてくる。巻頭カラー16P付き！

終着駅

宮脇俊三　41944-2

幻の連載「終着駅」を含む、著者最後の随筆集。あらゆる鉄路を最果てまで乗り尽くした著者が注いだ鉄道愛は、果てしなくどこまでも続く。「鉄道紀行文学の父」が届ける車窓の記録。新装版。

ローカルバスの終点へ

宮脇俊三　41703-5

鉄道のその先には、ひなびた田舎がある、そこにはローカルバスに揺られていく愉しさが。北海道から沖縄まで、地図を片手に究極の秘境へ、二十三の果ての果てへのロマン。

旅の終りは個室寝台車

宮脇俊三　41899-5

「楽しい列車や車両が合理化の名のもとに消えていくのは淋しいかぎり」と記した著者。今はなき寝台特急「はやぶさ」など、鉄道嫌いの編集者を伴い、津々浦々貴重な路線をめぐった乗車記。新装版。

終着駅へ行ってきます

宮脇俊三　41916-9

鉄路の果て・終着駅への旅路には、宮脇俊三鉄道紀行の全てが詰まっている。北は根室、南は枕崎まで、25の終着駅へ行き止まりの旅。国鉄民営化直前の鉄道風景を忘れ去られし昭和を写し出す。新装版。

汽車旅12カ月

宮脇俊三　41861-2

四季折々に鉄道旅の楽しさがある。1月から12月までその月ごとの楽しみ方を記した宮脇文学の原点である、初期『時刻表2万キロ』『最長片道切符の旅』に続く刊行の、鉄道旅のバイブル。(新装版)

いつも異国の空の下

石井好子　41132-3

パリを拠点にヨーロッパ各地、米国、革命前の狂騒のキューバまで――戦後の占領下に日本を飛び出し、契約書一枚で「世界を三周」、歌い歩いた八年間の移動と闘いの日々の記録。

女ひとりの巴里ぐらし

石井好子　41116-3

キャバレー文化華やかな一九五〇年代のパリ、モンマルトルで一年間主役をはった著者の自伝的エッセイ。楽屋での芸人たちの悲喜交々、下町風情の残る街での暮らしぶりを生き生きと綴る。三島由紀夫推薦。

巴里の空の下オムレツのにおいは流れる

石井好子　41093-7

下宿先のマダムが作ったバタたっぷりのオムレツ、レビュの仕事仲間と夜食に食べた熱々のグラティネ――一九五〇年代のパリ暮らしと思い出深い料理の数々を軽やかに歌うように綴った、料理エッセイの元祖。

東京の空の下オムレツのにおいは流れる

石井好子　41099-9

ベストセラーとなった『巴里の空の下オムレツのにおいは流れる』の姉妹篇。大切な家族や友人との食卓、旅などについて、ユーモラスに、洒落っ気たっぷりに描く。

バタをひとさじ、玉子を3コ

石井好子　41295-5

よく食べよう、よく生きよう――元祖料理エッセイ『巴里の空の下オムレツのにおいは流れる』著者の単行本未収録作を中心とした食エッセイ集。50年代パリ仕込みのエレガンス溢れる、食いしん坊必読の一冊。

巴里ひとりある記

高峰秀子　41376-1

1951年、27歳、高峰秀子は突然パリに旅立った。女優から解放され、パリでひとり暮らし、自己を見つめる、エッセイスト誕生を告げる第一作の初文庫化。

にんげん蚤の市

高峰秀子　41592-5

エーゲ海十日間船の旅に同乗した女性は、ブロンズの青年像をもう一度みたい、それだけで大枚をはたいて参加された。惚れたが悪いか——自分だけの、大切なものへの愛に貫かれた人間観察エッセイ。

ウー、うまい！

高峰秀子　41950-3

大食いしん坊でもあった大女優・エッセイスト高峰秀子の、国内外の食べ歩きや、うまいもの全般に関する食道楽の記録・随筆オリジナルアンソロジー。ササッとかんたんから、珍しい蛇料理、鳩料理まで。

私、ホント食いしん坊なんです

高峰秀子　41988-6

生誕百年記念企画。大食いしん坊大女優・エッセイスト高峰秀子の、国内外の食べ歩き、食道楽の記録・随筆オリジナルアンソロジー。うまいものあるところどこまでも。例えばカレーの妙味は大らかな自由！

ロッパ食談　完全版

古川緑波　41966-4

タン・シチュウ、ハムバーグ、トンカツ、牛鍋……。「しんから、僕は、食べ物が好き」と語り、戦後日本の街をさっそうと歩きながら美食を極めた昭和の喜劇役者・ロッパさんの真骨頂食エッセイ。新装版。

わたしのごちそう365

寿木けい　41779-0

Twitter人気アカウント「きょうの140字ごはん」初の著書が待望の文庫化。新レシピとエッセイも加わり、生まれ変わります。シンプルで簡単なのに何度も作りたくなるレシピが詰まっています。

純喫茶コレクション

難波里奈　41864-3

純喫茶の第一人者、幻の初著書、待望の文庫化！　日々純喫茶を訪ねる難波氏が選んだ珠玉のコレクションをバージョンアップしてお届け。お気に入りのあの店、なつかしの名店がいっぱいです。